FICHA CATALOGRÁFICA
(Preparada na Editora)

Xavier, Francisco Cândido, 1910-2002.

X19a *Auta de Souza* / Francisco Cândido Xavier, Espírito Auta de Souza. Araras, SP, 12 edição, IDE, 2013.

192 p.

ISBN 978-85-7341-589-6

1. Espiritismo 2. Psicografia – Poesia I. Auta de Souza II. Título.

CDD-133.9
-133.91

Índices para catálogo sistemático:

1. Espiritismo 133.9
2. Espíritos: Comunicações mediúnicas: Espiritismo 133.91
3. Psicogragia: Espiritismo 133.91
4. Poesia mediúnica: Espiritismo 133.91

# Auta de Souza

a gentil mensageira do amor

ISBN 978-85-7341-589-6
12ª edição - abril/2013
1ª reimpressão/2020



Prefácio e biografia:
*Clovis Tavares*

Pesquisas biobibliográficas:
*Stig Roland Ibsen*

Conselho Editorial:
*Doralice Scanavini Volk*
*Wilson Frungilo Júnior*

Projeto Editorial:
*Jairo Lorenzetti*

Capa:
*César França de Oliveira*

Diagramação:
*Maria Isabel Estéfano Rissi*

INSTITUTO DE DIFUSÃO ESPÍRITA - IDE
Av. Otto Barreto, 967
CEP 13602-060 - Araras/SP - Brasil
Fone (19) 3543-2400
CNPJ 44.220.101/0001-43
Inscrição Estadual 182.010.405.118
www.ideeditora.com.br
editorial@ideeditora.com.br

# Auta de Souza

## *a gentil mensageira do amor*

Chico Xavier

*Espírito* Auta de Souza

ide

# Sumário

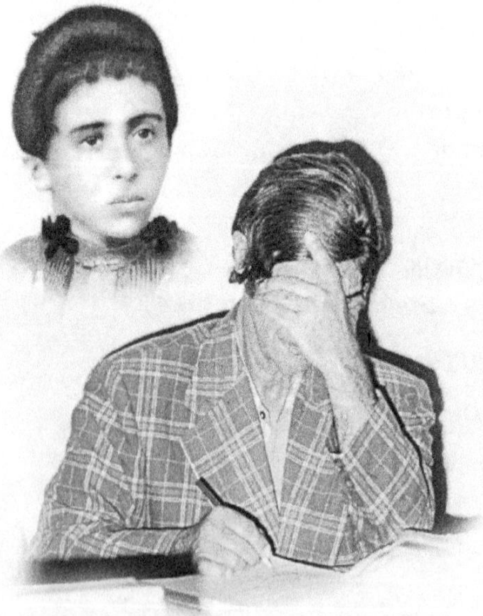

# *Prefácio*

Clovis Tavares

# Notícias de Auta...

Sim, notícias de Auta, "a mais pura e dolorosa poetisa do Brasil", na palavra de Edgar Barbosa; "a eminente e humilde Auta de Souza, a mais espiritual das poetisas brasileiras" – no juízo de Andrade Muricy; "poetisa de raro merecimento" – reconhece Olavo Bilac, que prefaciou seu "HORTO", o único livro que ela nos deixou em sua rápida existência terrestre, uma "vida breve que foi canção, como na música de Manuel de Falla" – qual sente Luís da Câmara Cascudo, seu biógrafo.

Tristão de Ataíde, no prefácio à 3ª edição do "HORTO", acentua que Auta de Souza "nunca sonhou com a glória literária. Nem mesmo com esse eco que só depois de morta veio encontrar no coração dos simples, onde toda uma parte de seus poemas encontrou a mais terna repercussão. E esse sentimento de absoluta *pureza* é o que mais encanta nos seus poemas. Auta de Souza viveu em estado de graça e os seus versos o revelam de modo evidente. Daí o grande lugar que ocupa em nossa poesia cristã, em cuja cordilheira sempre há de ser um dos altos mais puros e mais solitários."

Francisco Palma, num soneto que lhe dedica, define-a "a cotovia mística das rimas".

Jackson de Figueiredo, opinando sobre "Horto", considera "Auta de Souza como a mais alta expressão do nosso misticismo, pelo menos do sentimento cristão, puramente cristão, na poesia brasileira".

Manuel Bandeira, em formosa crônica na revista "Leitura", declara haver relido a biografia de Câmara Cascudo "com a emoção – confessa – que sempre me despertaram a vida e a obra da poetisa nordestina... (...). Se algum dia escrevesse uma biografia de Auta, bem outra epígrafe (refere-se à "cotovia mística das rimas", de Palma) lhe poria. Nunca ouvi, é verdade, o canto da cotovia. Mas sei de cor, desde menino, o final da *"Morte de D. João":*

*A estrela da manhã na altura resplandece*
*E a cotovia, a sua linda irmã,*
*Vai pelo azul um cântico vibrando,*
*Tão límpido, tão alto que parece*
*Que é a estrela no céu que está cantando!*

E assevera concluindo: "Límpido foi o canto de Auta..."

Rematando essas anotações críticas sobre a poética de Auta, é justo anuir ao parecer de Câmara Cascudo: "Não pode haver duas opiniões sobre Auta de Souza. É a maior poetisa mística do Brasil".

Este é o segundo livro de Auta de Souza. O primeiro, "HORTO", foi editado em 1900, havendo circulado poucos meses antes da desencarnação da poetisa, ocorrida em Natal, na madrugada de 7 de fevereiro de 1901.

Uma 2ª edição seria impressa em Paris, em 1911, com uma "Nota" que é uma brevíssima biografia de Auta, escrita por seu irmão Henrique Castriciano.

Nova edição é datada de 1936 (Rio de Janeiro) com um "Prefácio à 3ª edição" de Tristão de Ataíde, acrescido ao de Bilac.

Em 1970, a Fundação José Augusto,

da capital norte-rio-grandense, patrocina a 4ª edição do "HORTO".

E neste 1976, cem anos depois do nascimento de Auta de Souza, os corações amigos da grande poetisa do Nordeste podem reconfortar-se espiritualmente, reencontrando-a neste novo Horto, que nos desce do Mundo Maior.

Aqui se reúnem produções poéticas suas, todas psicografadas pelo renomado médium Francisco Cândido Xavier. São poemas de amor e de beleza, de espiritualidade e de esperança, em mundividência mais ampla, porque nascidos nas mais extensas dimensões da Eternidade.

*"Alguns autores há muito tempo que não voltam, como , por exemplo, A. dos Anjos e Auta de Souza.*

*Desta última conservo muitas saudades. Quando ela escrevia, fazia-me sentir sensações indefiníveis. De algumas vezes, eu sentia que ela se achava em companhia de uma outra alma, bastante elevada, que nos disseram ser uma das que compõem a grande falange que colabora com Celina em sua elevada missão de amor.*

*Esta companheira da alma que se dava com Auta fazia-me ouvir, isto é, sentir, como em relâmpagos, os mais formosos hinos sacros, que eu nunca pude apanhar, porque eram sempre mais vibrações intraduzíveis, melodias que eu podia somente sentir.*

*Cada Espírito que por mim escreveu fez-me sentir uma sensação diferente, profundamente desiguais entre si."*

Trecho de carta de Chico Xavier a M. Quintão.
"Reformador"– Ano 1932 – Número 8 – Abril – pág. 237

– Chico, recorda, de modo particular, alguma produção que ficasse inesquecível em sua memória?

– "Sim, recordo-me de um soneto intitulado "Nossa Senhora da Amargura", que, se não me engano quanto à data, foi publicado pelo Almanaque de Lembranças, de Lisboa, na sua edição de 1932. Eu estava em oração, certa noite, quando se aproximou de mim, o espírito de uma jovem, irradiando intensa luz. Pediu papel e lápis e escreveu o soneto a que me referi. Chorou tanto ao escrevê-lo que eu também comecei a chorar de emoção, sem saber, naquele momento, se meus olhos eram os dela ou se os olhos dela eram os meus. Mais tarde, soube por nosso caro Emmanuel, que se tratava de Auta de Souza, a admirável poetisa do Rio Grande do Norte".

Trecho da obra "No Mundo de Chico Xavier",
10ª edição – Ide Editora – pág. 21

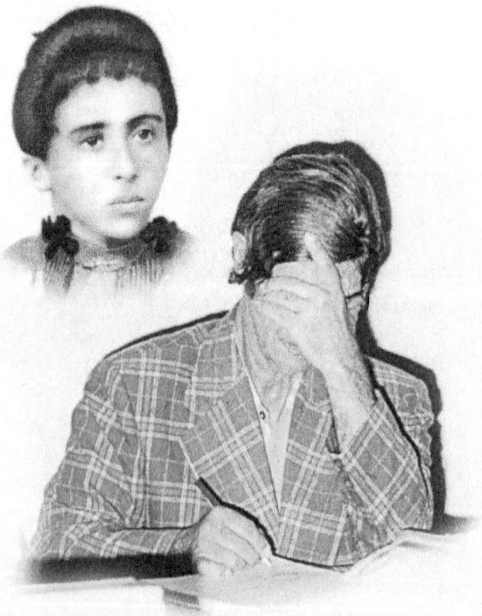

# *Poesias*

# *Senhora da amargura*

Mãe das Dores, Senhora da Amargura,
Eu vos contemplo o peito lacerado
Pelas mágoas do filho muito amado,
Nas estradas da vida ingrata e dura.

Existe em vosso olhar tanta ternura,
Tanto afeto e amor divinizado,
Que do vosso semblante torturado
Irradia-se a luz formosa e pura;

Luz que ilumina a senda mais trevosa,
Excelsa luz, sublime e esplendorosa
Que clareia e conduz, ampara e guia.

Senhora, vossas lágrimas tão belas
Assemelham-se a fúlgidas estrelas:
Gotas de luz nas trevas da agonia.

(Publicado em *"Novo Almanaque de Lembranças Luso-Brasileiro para 1932"* – Lisboa-Portugal – pág. 162)

# *A Jesus**

Senhor, protege os corações cansados,
Que se vão sem conforto e sem guarida,
No aguaceiro de lágrimas da vida,
Indiferentes ou desesperados.

Ascendem para os céus todos os brados
Da alma humana tristonha e dolorida!
Balsamiza de amor toda ferida
Que punge o coração dos degredados;

Degredados na Terra tenebrosa,
Terra da sombra estranha e dolorosa,
Recamada de prantos e de espinhos!

Ampara, meu Jesus, quem vai chorando,
Entre dores e acúleos, soluçando,
Na miséria de todos os caminhos...

*"Lira Imortal"* – LAKE – 1ª edição 3-2-1938
* corrigida pela autora espiritual

# *Mensagem fraterna*

Meu irmão: tuas preces mais singelas
São ouvidas no espaço ilimitado,
Mas sei que às vezes choras, consternado,
Ao silêncio da força que interpelas.

Volve ao teu templo interno abandonado,
– A mais alta de todas as capelas –
E as respostas mais lúcidas e belas
Hão de trazer-te alegre e deslumbrado.

Ouve o teu coração em cada prece.
Deus responde em ti mesmo e te esclarece
Com a força eterna da consolação;

Compreenderás a dor que te domina,
Sob a linguagem pura e peregrina
Da voz de Deus, em luz de redenção.

*"Francisco Cândido Xavier em Campos",*
1ª edição – EJC, 1940

# Querida Nina

Querida irmã, que amamos ternamente,
Mensageira do Bem, linda e singela,
Que Deus te guarde a luz brilhante e bela
E a pureza de lírio alvinitente.

És para nós o amor que se desvela,
A generosa fé, que segue à frente,
Consolo ao coração aflito e crente
Quando negrejam sombras de procela.

Jardineira da Paz e da Ternura,
Como é sublime a rica semeadura
Que te engrandece o místico jardim!...

Deus te guarde a esperança nobre e calma
E espalhe no céu claro de tua alma
As estrelas do amor que não tem fim!...

(Psicografado em Pedro Leopoldo, MG – março/1944.)

# *Em oração*

Generoso Pastor, Divino Guia,
Enquanto a humanidade desfalece,
Ouve, Jesus Amado, a nossa prece,
Atende ao nosso amor que em Ti confia...

Se é necessária a noite de agonia
À incompreensão do homem que perece,
Sabemos que ao Teu lado resplandece
A Verdade Solar do Eterno Dia!

Senhor, que a Tua luz penetre e vença
Nosso abismo de treva e indiferença,
Reconfortando o mundo que Te espera.

Deixa-nos sob o jugo de Teus laços,
Dá-nos a bênção de seguir-Te os passos
Para o Amor Imortal da Nova Era!

(Psicografado em Pedro Leopoldo, MG – julho/1947.)

# No livro d'alma

Se tens fé, não te aflija a noite escura.
Ao coração que a lágrima domina
Ele estende, amoroso, a mão divina
E abre as portas da paz, risonha e pura.

Alivia a aspereza da amargura
E sobre as trevas de miséria e ruína,
Acende nova estrela matutina
Na esperança sublime que perdura.

Se a crença viva te dirige os passos,
Sob a carícia de celestes braços
Receberás o pão, a luz, o abrigo...

Ama a cruz que te ampara e regenera
E, envolvendo-te em santa primavera,
O Mestre Amado seguirá contigo.

*"Cartas do Coração"* – LAKE – 1ª edição 14-7-1952

# *Cenáculo divino*

Na subida cristã, procura o asilo
Que o coração cansado te oferece,
Lá dentro a fé sublime refloresce
Aureolada de júbilo tranquilo.

Para atender ao Mestre, para ouvi-Lo,
Acende, fervoroso, a luz da prece...
E que teu sonho, em lágrimas, se expresse
No mais santo e mais íntimo sigilo.

Verte a agonia amarga do teu peito
Nas dadivosas mãos do Amigo Eleito
E alça o dorido olhar de peregrino!

E eis que Jesus, na bênção que te acalma,
Surgirá redivivo na tua alma
Convertida em cenáculo divino.

*"Cartas do Coração"* – LAKE – 1ª edição 14-7-1952.

# *Enquanto é dia*

Segue os passos do Mestre enquanto é dia...
Sobe do escuro vale para o monte,
Que a coroa de lágrimas te aponte
A vitória da crença que porfia.

Não te detenhas na escabrosa via
E que a taça de fel não te amedronte.
Louva o madeiro que te dobra a fronte
Para a estrada cruel, áspera e fria.

Enquanto há sol, avança na subida,
De alma desfalecente e consumida,
Bendizendo o martírio que te eleva!

Seja a Luz tua excelsa recompensa,
Porque a noite da morte é triste e densa
Para aqueles que dormem sob a treva.

*"Cartas do Coração"* – LAKE – 1ª edição 14-7-1952

# *Mensagem de irmã*

Enquanto a carne em treva brande a vara
Da amargurosa dor que te alanceia,
Acende, em paz, a lúcida candeia
Da sublime esperança que te ampara.

A fé transforma a noite em manhã clara.
Não te canse o deserto... Ara e semeia
E arrancarás da imensidão de areia
A flor da primavera e o pão da seara...

Que o grilhão do passado te não prenda.
Faze do amor a rútila oferenda
Do próprio ser ao mundo estranho e escuro!

E ave de luz tornando ao pátrio ninho,
Encontrarás, feliz, o áureo caminho
Para a esfera de glórias do Amor Puro!

(Psicografado no Grupo Espírita Luiz Gonzaga,
em Pedro Leopoldo, MG – janeiro/1953)

# Meditação

Alma cansada de chorar, cansada
De sofrer nas agruras do caminho,
Há quem te veja do Celeste Ninho
Os tristes pesadelos da jornada...

Se além da noite brilha a madrugada,
Resplende, além do túmulo escarninho,
Nova aurora de paz e de carinho
Para a glória da vida torturada.

Não te detenhas, sob a ventania.
Vence o pavor da senda escura e fria,
Guardando o bem por arma em teus combates...

Segue buscando o Amor do Eterno Amigo
E encontrarás a Luz do Céu contigo
Nas aflições dos últimos resgates.

*"Relicário de Luz"* – GEF – 1ª edição 20-6-1962

# *Na romagem da luz*

Muitos começam com Jesus a lida,
Na clara manjedoura da esperança
E cantam na alegria e na abastança,
Enquanto há céu azul na própria vida.

Mas, em surgindo a luta indefinida
Em que há fel, sacrifício e insegurança,
Enquanto o Mestre ensina, ajuda e avança,
Muita gente recua, espavorida.

Se marchas entre lágrimas e assombros,
Sob a cruz do dever nos próprios ombros,
Enche de amor teu áspero caminho!...

Procurando o Divino Solitário,
Atingirás a Glória do Calvário,
Mas torturado, exânime e sozinho.

*"Taça de Luz"* – LAKE – 1ª edição 12-5-1972

# *Agora*

Agora, enquanto é hoje, eis que fulgura
O teu santo momento de ajudar!...
Derrama, em torno, compassivo olhar
Estende as mãos aos filhos da amargura...

Repara!... Aqui e além, a desventura
Caminha ao léu, sem pão, sem luz, sem lar,
Acende o próprio amor! Faze brilhar
A tua fé tranquila, doce e pura.

Agora! eis o minuto decisivo!...
Abre teu coração ao Cristo Vivo,
Não permitas que o tempo marche em vão.

E ajudando e servindo sem cansaço,
Alcançarás, subindo passo a passo,
A glória eterna da Ressurreição.

(Psicografado em Pedro Leopoldo, MG – maio/1954.)

# *Mãos*

Harpas de amor tangendo de mansinho
A música do bem ditosa e bela,
As mãos guardam a luz que te revela
A mensagem de paz e de carinho.

Não te afirmes inútil ou sozinho...
Na existência mais triste ou mais singela,
Nas mãos todo um tesouro se encastela
Derramando-se em bênçãos no caminho.

Ara, semeia, tece, afaga e ajuda...
Mãos no trabalho são a prece muda
De nosso coração, vencendo espaços...

E, aprendendo com Cristo, ante o futuro,
Tuas mãos como servas do amor puro,
São estrelas fulgindo nos teus braços.

(Psicografado em Pedro Leopoldo, MG – maio/1954.)

# Pensa

Antes de maldizer a própria sorte,
Pensa nos tristes de alma consumida,
Que vagueiam nas lágrimas da vida,
Sem migalha de amor que os reconforte.

Que a retaguarda escura nos exorte!
Contemplemos a noite indefinida
Dos que seguem sem pão e sem guarida,
Entre a dor e a aflição, a treva e a morte!...

Pensa e traze aos que choram no carinho
A fatia de luz do teu caminho,
Pelas mãos da bondade, terna e boa...

E encontrarás no pranto da amargura
A fonte cristalina que te apura
E a Presença do Céu que te abençoa.

(Psicografado em Pedro Leopoldo, MG – julho/1954.)

# Vamos

Não te detenhas... Crê, ajuda e avança!...
Seja dia brilhante ou noite escura,
Nos momentos de paz ou de amargura,
Busca o Mestre da Luz e da Esperança.

No caminho do bem que não descansa,
Agradece ao trabalho que te apura,
E sigamos, felizes, à procura
Da Imperecível Bem-aventurança!...

Não repouses na estrada... Segue à frente,
Ontem, hoje, amanhã... Constantemente,
Marcha ao doce clarão que te ilumina...

Jesus é o Sol de Amor que nos espera
Em resplendente e excelsa primavera
No Lar Eterno da União Divina.

(Psicografado em Pedro Leopoldo, MG – setembro/1954.)

# *Segue e confia*

Alma cansada e triste, alma sincera,
Sorve a angústia do cálix derradeiro!
Guarda a bênção da fé sob o madeiro
Da aflição que te punge e dilacera.

Trabalha, serve e crê, ajuda e espera,
Imitando o Celeste Companheiro...
Um dia, o doloroso cativeiro
Será livre e ridente primavera.

Vencendo ulcerações, trevas e escombros,
Bendize a dor que te enriquece os ombros
Com as chagas do martírio austero e forte.

A cruz que te aguilhoa, dia a dia,
É o luminoso preço da alegria
Na vida que te aguarda além da morte.

*Trinta Anos com Chico Xavier",* de Clovis Tavares,
CALVÁRIO – 1ª edição – 1967

# Escuta

Não menosprezes quem te bate à porta...
Contempla a segurança de teu ninho
E repara, lá fora, o torvelinho
Da miséria que punge e desconforta.

Fome... Frio... Viuvez... Pranto escarninho...
Não respondas dizendo "que me importa?".
Traze à dor da esperança quase morta
Um caldo... um pão... e um gesto de carinho...

Uma gota de leite... um trapo... um bolo...
Isso é muito a quem sofre sem consolo,
No vale onde a aflição ruge e domina...

E a migalha que deres a quem chora,
Um dia, ao Sol do Amor, na Eterna Aurora,
Será teu prêmio na Mansão Divina.

(Psicografado na "Casa de Jesus",
em Matosinhos, MG – janeiro/1955.)

# *Auxilia*

Ouve!... Ruge, lá fora, a ventania...
E enquanto o lar ditoso te acalenta,
Há quem padece os golpes da tormenta
Suportando a ansiedade e a noite fria.

Repara a estrada longa, erma e sombria...
Eis que a dor te acompanha, amarga e atenta.
Desce do altar de luz que te apascenta
E socorre a miséria que te espia.

Ajuda e sentirás em resplendores
Luzes e auroras, júbilos e flores
A brotar dos charcos em que pises!...

Estrelas fulgirão sobre os teus passos...
É que o Cristo do amor te estende os braços
Junto às chagas dos grandes infelizes!...

(Psicografado em Pedro Leopoldo, MG – março/1956.)

# Oração de hoje

Hoje, Senhor, resplende novo dia,
Que deveres e júbilos condensa,
Nova esperança luminosa e imensa
Renascendo da noite espessa e fria...

Dá-me trabalho por excelso guia,
Ensina-me a servir sem recompensa
E a fazer do amargor de cada ofensa
Uma prece de amor e de alegria.

Que eu Te veja na dor com que me elevas
Por flamejante sol, rompendo as trevas,
Ante a beleza do Celeste Abrigo!

E que eu possa seguir na caravana
Dos que procuram na bondade humana
A glória oculta de viver contigo.

(Psicografado em Pedro Leopoldo, MG – fevereiro/1957.)

# Avancemos

Vara a tormenta de granizo e lama
Que te vergasta a noite escura e fria,
E, erguendo em prece a taça da agonia,
Sorve gemendo o fel que se derrama.

De alma cansada e pensamento em chama,
Ouve em silêncio a enorme gritaria
Da turba que te fere e calunia
Descendo para a treva que a reclama.

De peito aberto por sinistras lanças,
Sob as pedras e farpas em que avanças,
Bendize a senda estreita e atormentada!...

Chora, mas segue alçando a luz sublime,
Que, além da sombra que te envolve e oprime,
Fulgura o céu de nova madrugada...

(Psicografado em Pedro Leopoldo, MG – agosto/1958.)

# Ora e vem

Depois da prece doce em teu recanto,
Onde a luz do conforto surge, acesa,
Vem ouvir os gemidos de tristeza
Da miséria que a noite afoga em pranto.

Contemplarás velhinhos de alma presa
Às algemas de angústia e desencanto
E crianças que o frio envolve, enquanto
Mães fatigadas tremem de incerteza...

Ora e traze o consolo que te invade
Por flama de alegria e caridade,
Onde espinhos e lágrimas divises!...

E entenderás na fé viva e sincera
Que a presença de Cristo nos espera,
Entre as chagas dos grandes infelizes.

(Psicografado em Uberaba, MG – janeiro/1959.)

# *Alma querida*

Alma da caridade, viva e pura,
Que abres a mão fraterna de mansinho,
Jesus recolhe a gota de carinho
Que derramas na chaga da amargura.

Essa doce migalha de ternura
Para quem luta e chora no caminho,
É como a rosa perfumando o espinho
Ou como a estrela para a noite escura.

Como crês? Ninguém sabe... O mundo apenas
Sabe que és luz nas aflições terrenas,
Pela consolação que te abençoa.

Seja qual for o templo que te exprime,
Deus te proteja o coração sublime
Alma querida e bela, humilde e boa.

(Psicografado em Uberaba, MG – dezembro/1959.)

# *Rogativa*

Abençoa, Senhor, o brando ninho
Em que este lar de amor se transfigura,
Entretecendo em fios de ternura
Agasalho aos que choram no caminho

Mergulhados no escuro torvelinho
De nossa própria senda estranha e dura
Avançamos nós mesmos à procura
Do asilo tutelar de Teu Carinho!...

Ensina-nos, assim, em toda a parte
A exprimir-te as lições ao reencontrar-te
Em nosso irmão que a dor punge e governa!

E faze desta casa o doce abrigo
Em que possamos trabalhar contigo
No culto vivo da Bondade Eterna.

(Lar Espírita Bezerra de Menezes – do Centro Espírita
Vicente de Paulo, Uberaba, MG – janeiro/1959)

# Lágrimas

Benditas sejam, torturando embora,
As lágrimas que a vida transfigura
Na fonte generosa, viva e pura
De perfeição e luz para quem chora.

Lírios e estrelas de celeste alvura,
Entre as sombras da mágoa que aprimora,
Rolam do coração, lembrando a aurora
No imenso caos da imensa noite escura!...

Benditas sejam! Lágrimas divinas
Como flores brilhando sobre as ruínas,
Que a provação estende, áspera e franca...

Mas, acima da bênção que as alveja,
Ante a glória do amor, bendita seja
A mão da caridade que as estanca!

(Psicografado em Uberaba, MG – agosto/1960.)

# Bendize

Feliz de ti se choras e bendizes
A angústia que te oprime e dilacera,
Guardando a luz da fé, viva e sincera,
No coração marcado a cicatrizes!

Ditosa a crença que não desespera
No turbilhão das horas infelizes,
Entrelaçando as fúlgidas raízes
No País da Divina Primavera!

Suporta a sombra que precede a aurora,
Louva a pedrada que nos aprimora,
Trabalha e espera ao temporal violento!...

E, um dia, sem a carne em que te abrasas,
Remontarás ao Céu com as próprias asas,
Purificadas pelo sofrimento.

*"Relicário de Luz"* – GEF – 1ª edição 20-6-1962

# Vai, irmã

Vai, minha boa irmã, segue, aproveita
A existência esposada com Jesus!...
Atende ao pobrezinho, aos órfãos nus,
Não desprezes os bens da "porta estreita".

É feliz para sempre a alma que aceita
O testemunho em lágrimas da cruz.
A dor do sacrifício é como a luz
Que abre o caminho para a "vida eleita".

Guarda a esperança pela vida em fora,
Sê a verdade e o bem para quem chora,
Não te atormente a estrada mais sombria.

Vence as tristes jornadas escabrosas,
E hás de ver a manhã de luz e rosas
Na claridade eterna da alegria!...

*"Relicário de Luz"* – GEF – 1ª edição – 20-6-1962

# *Vamos juntos*

Vamos juntos vencendo a noite escura,
De mãos unidas pela estrada afora,
Combatendo o infortúnio que devora
Os filhos da aflição e da amargura.

Sob a paz da esperança viva e pura,
Em torno à dor bendita que aprimora,
Aguardaremos a sublime aurora,
Consolando a miséria e a desventura.

Amados, não temais a treva estranha,
Escalemos o topo da montanha,
De coração cansado ao desabrigo!...

Finda a noite de angústia e de saudade,
Chegaremos, em plena eternidade,
Ao lar eterno do Divino Amigo!

*"Relicário de Luz"* – GEF – 1ª edição – 20-6-1962

# *Caridade*

Glorificada sejas onde fores,
Mão que te fazes sol, apoio e ninho
Para todos os tristes do caminho,
Mão que recorda um lírio aberto às dores!...

Mão generosa, mão em que adivinho
A mensagem de Cristo em resplendores,
Mão que converte lágrimas em flores,
Deus te abençoe os gestos de carinho.

Nunca enxerguei a forma de teu culto;
Fito-te a luz que passa e enquanto exulto
Vejo que o mundo se aprimora ao vê-la!

Caridade! És o dom que nos irmana,
Amor de Deus na inteligência humana,
Uma estrela engastada noutra estrela!...

(Psicografado no Lar Espírita de Lázaro,
Uberaba, MG – agosto/1966.)

# Do píncaro ao lodo

Caridade – o clarão de uma palavra boa,
No calor da esperança a quem se desconsola,
A ternura no lar, a sacrossanta escola
Do perdão que suprime a injúria que atraiçoa.

Caridade – a oração que ilumina e abençoa,
O poder da afeição que a lágrima acrisola,
Fraternidade e luz renascentes da esmola
Da prática do bem, de pessoa a pessoa!...

Caridade – o sorriso, a paz, o teto e a mesa
Tudo o que purifica e exalta a Natureza
Nas fontes da bondade a que a vida recorre...

Caridade é servir desde o píncaro ao lodo,
Caminhar com Jesus e esquecer-se de todo
Para estender no mundo o amor que nunca morre.

(Psicografado em Uberaba, MG, outubro/1966.)

# *Carta íntima*

Escuta, meu irmão! Pelo caminho
Da miséria terrestre, há muitas dores;
Muito fel, muita sombra, muito espinho,
Entre falsos prazeres tentadores.

Há feridas que sangram... Há pavores
De órfãos sem lar, sem pão e sem carinho:
Confortemos os pobres sofredores,
Almas saudosas do Celeste Ninho!

Jesus há de sorrir com o teu sorriso,
Quando faças no mundo o bem preciso,
Pelo que sofre em desesperação.

Todo o bem que plantares nessa vida,
Há de esperar tua alma redimida
Nos caminhos de luz e redenção!

*Trinta Anos com Chico Xavier",* de Clovis Tavares,
CALVÁRIO – 1ª edição – 1967

# *Canção materna*

Filho do coração, além das dores
Da cruz dc pranto que te dilacera,
Fulge, sublime, excelsa primavera
Ao sol do amor de todos os amores.

Agradece os espinhos e amargores
Em que te afliges sob a longa espera...
E lançando ao futuro a alma sincera,
Vara, gemendo, os trilhos redentores.

Chora, louvando as lágrimas doridas
Que nos lavam as sombras de outras vidas
Como forças de imensa tempestade...

Trabalha, serve e crê, ama e confia
E ascenderás à glória da alegria
No coração de luz da Eternidade.

*"Trinta Anos com Chico Xavier"*, de Clovis Tavares,
CALVÁRIO - 1967

# *Lembrança de irmã*

Ah! minha Nina amada, abelha mansa
Da colmeia a que o Mestre se afeiçoa
Guarda contigo, ovelha humilde e boa,
A saudade no escrínio da esperança!

Alma de arminho, cândida criança,
Mensageira do bem que aperfeiçoa,
Deus te enriqueça! Aureole-te a coroa
De eternidade e bem-aventurança!

Flor! – guarde-te o sol do amor divino,
Estrela! – acende o lume peregrino,
Irmã! – toda a ternura te reveste!

Espera e ama! exulta de alegria,
Que os teus amados chegarão, um dia,
Ao teu templo de luz no Lar Celeste!...

*"Trinta Anos com Chico Xavier"*, de Clovis Tavares,
CALVÁRIO – 1ª edição – 1967

# *Oferenda*

Nina irmã, devotada mensageira
Dos celeiros de amor da Eterna Aurora,
Deus te abençoe a luz que resplendora
Nos caminhos da Vida Verdadeira.

Vai, minha irmã, por este mundo afora,
Cura a lepra do mal e da cegueira,
Que as tuas mãos de santa e de enfermeira
Mitiguem toda a angústia de quem chora.

Nesta noite de paz e de esperanças,
Guarda no teu escrínio de lembranças
Nossas preces de dúlcida saudade...

Recebe, nas Celestes Primaveras,
Nossas rosas votivas de outras eras,
Nossos lírios de amor da Eternidade!

*"Trinta Anos com Chico Xavier"*, de Clovis Tavares
CALVÁRIO – 1ª edição – 1967

# *Página de fé*

Alma cansada e triste, alma sincera,
Se a dor por noite em lágrimas te alcança,
Acende em prece o lume da esperança,
Onde o grilhão da mágoa te encarcera!

Ante a sombra que assalta, esfera a esfera,
Se surge a ofensa por sinistra lança,
Na tormenta do mal que investe e avança,
Perdoa, silencia, ajuda, espera!...

Esquecida na cela da amargura,
Não te revoltes contra a senda escura.
Ergue-te e serve, embora torturada...

Luta, chora, padece, mas confia,
Das trevas nasce a bênção de outro dia
Nas promessas de nova madrugada!...

*"Trinta Anos com Chico Xavier"*, de Clovis Tavares,
CALVÁRIO – 1ª edição – 1967

# *Segue, amigo*

Fatigado romeiro da fé pura,
Sem bordão de conforto a que te arrimes,
Por mais cansado, não te desanimes
Na jornada de pranto e de amargura.

Além do Grande Além, na imensa Altura,
Brilham no Eterno Amor em que te exprimes
As pátrias generosas e sublimes
Da beleza, da graça e da ventura!

Na subida de pedra, cinza e lama,
Sangrem-te os pés embora, nutre a chama
Que arde, incessante, no teu peito aflito;

Sonha acima da escura tempestade
E chegarás, cantando, à Eternidade
Sob a glória celeste do Infinito!...

*"Trinta Anos com Chico Xavier"*, de Clovis Tavares,
CALVÁRIO – 1ª edição – 1967

# Esquece

Repara a terra pobre, humilde e boa,
Enlameada ao temporal violento...
A golpes rudes de granizo e vento,
Olvida em paz a injúria que a magoa.

Depois, a vida tece-lhe a coroa
De pétalas luzindo ao firmamento...
E, feliz ante o mundo desatento,
Mais se embeleza quanto mais perdoa.

Assim também, esquece o lodo e a ofensa.
Que a tormenta de trevas te não vença
A nobreza dos sonhos redentores!...

Seja o perdão o apoio a que te arrimes,
E desabrocharás em dons sublimes
Como a terra insultada ri-se, em flores,

(Psicografado em Uberaba, MG – janeiro/1967.)

# Louvada sejas

Louvada sejas, mão que a penúria suprimes
E espalhas sem cessar a Divina Presença!
És caridade – a luz em que o Céu se condensa,
Entre bênçãos de paz e júbilos sublimes!...

Mão que socorres, dás, amparas, desoprimes,
Afagas, curas, crês, serves sem recompensa,
Fazes-te sol de amor na escuridão mais densa!...
Incontáveis na estrada as dores que redimes!...

Mãos que constróis, instruis, apoias, luminas,
Em ti a Terra sobe às amplidões divinas,
Por ti Deus fala ao mundo em todas as igrejas!...

Inda que o mal te zurza, escarneça ou degrade,
Seja onde seja, em tudo, és sempre caridade!...
Mão que lembras Jesus, engrandecida sejas!...

Casa Transitória, São Paulo, SP – julho/1967.

# *Alguém espera*

Ouve!... Reinam lá fora o gelo e a ventania
Por linguagem da noite ao coração inquicto
Dos romeiros da dor, suportando sem teto
Penúria e solidão na jornada sombria!...

Ouve mais!... Rente ao lar, alguém se te anuncia,
Acena com brandura e fala em tom discreto,
Solicita em favor dos famintos de afeto
Uma réstea de paz, um raio de alegria...

Ouve!... Ergue-te e sai!... Na estrada, ao desabrigo,
Doce mão se estende e anseia estar contigo
Para mostrar-te a vida em sentido profundo!...

Esse alguém é Jesus, cuja fé não descansa,
Pedindo-te consolo, assistência e esperança,
A serviço do amor na redenção do mundo.

(Psicografado em Uberaba, MG – maio/1968.)

# Presença do amor

Deus te abençoe o pão que dás à porta
Aos romeiros cansados da Agonia,
O teto aos que se vão em noite fria
Na dor em que a nudez se desconforta.

Deus te abençoe o raio de alegria
Com que a força da fé se te transporta
No rumo da esperança semimorta
Para trazê-la à glória de outro dia.

Deus te abençoe por tudo quanto fales
Para extinguir tristezas, dores, males
Que se amontoam na penúria imensa...

Deus te abençoe, porém, com mais ternura
A presença da paz e da ventura
De todo amor que dês sem recompensa...

(Psicografado no Lar Espírita de Lázaro,
Uberaba, MG – julho/1968

# Caminho de redenção

Este o caminho da ascensão sublime
E o carro excelso para a luz da glória:
A subida de angústia transitória
E a cruz do amor a que o amor se arrime...

Segue, viajor, sem que te desanime
A visão da paisagem merencória
Formada em pedra da terrestre escória,
Nem te detenha a voz que te lastime.

Segue amparado à fé serena e pura,
No bem que a nada fere nem censura,
No amor que em tudo habite ou sobrenade...

Ama somente, ajuda, serve e guia
E chegarás triunfante e livre, um dia,
À redenção do amor na Eternidade.

(Psicografado na Comunhão Espírita Cristã,
Uberaba, MG – julho/1971.)

# Caridade da luz

Santa – a moeda amiga ao tornar-se carinho
Em todo lar sem pão que a penúria flagela,
Enaltecida sempre – a roupa mais singela
Que protege a nudez ao vento e ao desalinho!...

Glorificado seja – o pouso que tutela
O enfermo relegado às pedras do caminho,
Preciosa – a afeição para quem vai sozinho,
Trancando-se na dor em que se desmantela!...

Nobreza em toda ação que represente amparo
Do auxílio de um vintém ao apoio mais raro,
Que a simpatia expresse e a bondade presida!...

Brilhe em tudo, porém, com mais força e grandeza
A palavra do Bem que apure a Natureza,
Iluminando o Amor e libertando a Vida!...

*"Através do Tempo"* – LAKE – 1ª edição – 30-1-1972

# *Bendita sejas*

Bendita sejas, mão piedosa e pura,
Em cujos doces dedos, de mansinho,
A caridade tece o brando arminho
Com que afagas miséria e desventura.

Estrela fulgurante em noite escura,
És a consolação, a paz e o ninho
Dos aflitos, que choram no caminho,
Sob as chagas da sombra e da amargura...

Mão que repartes luz, pão e agasalho,
Coroada na glória do trabalho,
A refulgir em todas as igrejas!...

Por toda a gratidão que te abençoa,
Mão que ajudas, contente, humilde e boa,
Deus te guarde, feliz! Bendita sejas!...

*"Campanha de Fraternidade Auta de Souza"* –
1ª edição – fevereiro de 1972 – pág. 37

# *Conversando*

Se procuras a bênção da Alegria,
Desce ao vale do Pranto e da Tristeza,
Onde a dor de milhões clama, indefesa,
Sob o vento da noite imensa e fria...

Traze do que te sobre à veste e à mesa,
Socorrendo a miséria que te espia,
E espalharás, nas trevas da Agonia,
Os raios da Esperança e da Beleza.

Ajuda e sentirás o Céu no peito,
A derramar-se, em júbilo perfeito,
No teu gesto de amor, envolto em prece.

E vencerás, feliz, penas e abrolhos,
Porque terás, na luz dos próprios olhos,
A visão de Jesus, que te agradece.

*"Campanha de Fraternidade Auta de Souza"* –
1ª edição – fevereiro de 1972 – pág. 38

# Essa migalha

No reino de teu lar em paz celeste,
Repara quantas sobras de fartura!...
O pão dormido que ninguém procura,
O trapo humilde que não mais se veste...

Do que gastaste, tudo quanto reste,
Arrebata o melhor à varredura
E socorre a aflição e a desventura
Que respiram gemendo em noite agreste!...

Teu gesto amigo florirá perfume,
Bênção, consolo, providência e lume
Na multidão que segue ao desalinho...

E quando o mundo te não mais conforte,
Essa leve migalha, além da morte,
Fulgirá como estrela em teu caminho.

*"Campanha de Fraternidade Auta de Souza"* –
1ª edição – fevereiro de 1972 – pág. 57

# Glória do Bem

A anônima semente pequenina
Atirada por mão piedosa e boa,
Parecia dormir no charco, à toa,
Sorvendo o sol aos beijos da neblina...

Depois cresceu, abrindo-se em coroa,
Árvore nobre a frondejar, divina,
Fruto a fazer-se pão que nutre e ensina,
Flor que perfuma, tronco que perdoa!...

Assim é o bem humilde que semeias
Pelo espinheiral das dores alheias
Que sombra, provação e angústia encerra...

Hoje, singela dádiva perdida,
Amanhã será luz, beleza e vida
Dulcificando as lágrimas da Terra.

*"Campanha de Fraternidade Auta de Souza"*
1ª edição – fevereiro de 1972 – pág. 91

# Migalha

Generosa migalha de alegria
Bendita seja a mão que te oferece
Por resposta de Deus às mãos em prece
Na aspereza da senda escura e fria.

Na noite em que te mostras, alvorece...
Bênção, conforto, lágrimas, fatia,
Pano que veste, gota que alivia,
És sementeira da Divina Messe.

Trazes sempre no quadro que te exprime
A lição de Jesus, grande e sublime,
E és apenas bondade ao revivê-la.

Deus te abençoe, migalha viva e santa!
Em cada coração que te levanta
A caridade brilha como estrela!...

*"Campanha de Fraternidade Auta de Souza"*
1ª edição – fevereiro de 1972 – pág. 40

# *No correio evangélico*

Não desprezes a dor que aperfeiçoa,
Toma a cruz generosa que te oprime
E segue pela estrada ampla e sublime
Da bondade, contente, humilde e boa.

Não te prendas ao golpe que magoa,
Nem à voz que te acuse ou te lastime.
O sacrifício é a luz que nos redime,
Sê fiel a Jesus! Ama e perdoa!

Aceita sem revolta, nos caminhos,
A coroa de lágrimas e espinhos,
Sem recurso a conforto que te agrade.

Guarda a paz do Evangelho que te inspira!
Foge das Babilônias da mentira
Para a Jerusalém da eternidade.

*"Campanha de Fraternidade Auta de Souza"* –
1ª edição – fevereiro de 1972 – pág. 41

# Perdoa

Repara a fonte diligente e boa
Escravizada ao solo em que destila,
Acolhendo, a cantar, doce e tranquila,
A saliva do charco que a magoa.

Envolvente e translúcida coroa
Que afaga e nutre o coração de argila
Passa ajudando ao chão em que se asila,
Tanto mais pura, quanto mais perdoa...

Como a fonte que olvida toda ofensa,
Abraça na bondade a luz imensa
Que te guarda, no mundo, a alma sincera.

E, estendendo o perdão por onde fores,
Encontrarás na cruz das próprias dores
A Alegria Divina que te espera...

*"Campanha de Fraternidade Auta de Souza"* –
1ª edição – fevereiro de 1972 – pág. 45

# *Sigamos juntos*

Enxuga o pranto que te molha o rosto,
Emudece a revolta e vem comigo
Para o vale onde a noite abre o postigo
Da vida que respira a contragosto.

Fita o rude semblante descomposto
Dos que sonham debalde um peito amigo,
A solidão, a fome, o desabrigo,
O assombro e o desespero do desgosto...

Ampara a multidão ansiosa e tarda,
A desfazer-se em sombra áspera e fria,
Dos corações no fel da retaguarda.

Semeia a caridade humilde e franca
E esquecerás a mágoa que te espanca
Por transformá-la em bênção de alegria.

*"Campanha de Fraternidade Auta de Souza"* –
1ª edição – fevereiro de 1972 – pág. 42

# *Vem e ajuda*

Repara, além das rosas do teu horto,
Onde a luz do teu sonho brilha e mora,
Os romeiros que seguem, vida a fora,
Padecendo aflição e desconforto.

Infortunados náufragos sem porto,
Tristes, rogando a paz de nova aurora,
Levam consigo a dor que clama e chora
Sob as chagas do peito quase morto...

Não te detenhas!... Vem, socorre e ajuda
A multidão que passa, inquieta e muda,
Implorando-te amor, consolo e abrigo!

Reparte o pão que te enriquece a mesa,
Estendendo o teu horto de beleza,
E o Mestre Amado habitará contigo.

*"Campanha de Fraternidade Auta de Souza"* –
1ª edição – fevereiro de 1972 – pág. 43

# *Prece a Jesus*

Sê louvado, Senhor, pela bendita escola
Da verdade, em que a Fé por sol se descortina,
Restaurando de novo a Celeste Doutrina
Em que o Mundo se eleva e a vida se acrisola.

Templo, celeiro, lar, aconchego, oficina,
Revelação, apoio, entendimento, esmola,
Tudo que ampara, educa, alivia ou consola
Em tudo aqui te exalta a Presença Divina!

Enquanto o Mundo chora, anseia, luta e avança,
Faze de nossa casa um pouso de Esperança
Na construção do Bem à Luz que te descerra...

Aspiramos contigo a ser, dia a dia,
Uma forja de paz que trabalha e confia,
Uma fonte de Amor na aspereza da Terra.

"*Taça de Luz*" – LAKE – 1ª edição 12-5-1972

# *Sempre com Jesus*

(Aos corações queridos da jornada da ascensão)

Não te detenhas! Segue, alma querida,
Vara o próprio caminho em sombra e vento,
Resguarda o coração tranquilo e atento
E enriquece de amor o chão da vida.

Não te amargure o temporal violento
Que invade a Terra em fúria desmedida.
De esperança a esperança e lida em lida,
Dissiparás a angústia e o sofrimento.

Segue, plantando o bem por onde fores,
Deixando ao tempo o fel das próprias dores,
Por mais que a provação te envolva a estrada!...

Além da imensa noite, espessa e fria,
Cristo é o Divino Sol do Novo Dia,
Anunciando a Nova Madrugada!...

(Psicografado na Escola Jesus Cristo,
Campos, RJ – novembro/1972.)

# *União sem adeus*

Converte o pranto em que te dilaceras
Em fonte de bondade, alma querida,
Transfigure em bondade, paz e vida
A saudade que trazes de outras eras...

Espalha o bem, por mais que a dor coincida
Com teu sonho de novas primaveras,
Eleva-te a caminho, enquanto esperas,
Quanto mais alto, tanto mais subida.

Segue e serve, de pés sangrando embora,
Esquece-te, perdoa, lida, chora,
Luta, vence-te, sofre, mas porfia!...

E encontrarás o Reino do Amor Puro,
Da união sem adeus ante o futuro
Na beleza perpétua da alegria!...

(Psicografado na Comunhão Espírita Cristã,
em Uberaba, MG – julho/1973.)

# *Alguém na estrada*

Alguém te espera o amor, estrada afora,
Seja o dia translúcido ou cinzento,
Para extinguir a sombra e o sofrimento,
Nas empedradas trilhas de quem chora!...

Não te detenhas!... Vem!... O tempo é agora,
Há quem se arrase ao temporal violento,
E corações ao frio, à noite e ao vento
Ante a descrença que se desarvora....

Vem à estrada do mundo!... Ampara e ama!...
Esclarece e consola, alça por chama
O próprio coração fraterno e amigo!...

Esse alguém é Jesus, que te abençoa!...
Trabalha, serve, esquece-te, perdoa
E o Mestre Amado seguirá contigo!...

(Psicografado na Fundação Marietta Gaio,
Rio de Janeiro, RJ – outubro/1974.)

# *Ao sol do campo*

Prossegue, semeador, alçando monte acima,
A plantação da fé na gleba da esperança.
Ara, semeia, aduba, e, intimorato, avança,
Consagrado a servir no sonho que te arrima.

Não aguardes lauréis de transitória estima
E se a nuvem de angústia e lágrimas te alcança,
Deténs na própria fé refúgio e segurança,
No grande espinheiral de amor que te sublima.

Vara vento, granizo, injúria, lama, prova
E espalha, aqui e além, a paz que te renova,
No tempo a recordar solo vivo e fecundo.

Ama, serve e constrói!... Onde lidas e esperas,
Trazes contigo a luz dos gênios de outras eras
Que promovem, com Cristo, a redenção do mundo.

(Psicografado na Fundação Marietta Gaio,
Rio de Janeiro, RJ – julho/1975.)

# *Estrada acima*

Alma lúcida e bela, alma sofrida,
Sigamos com Jesus caminho afora,
Reconfortando a multidão que chora
Nas retaguardas últimas da vida.

Aqui tomba a esperança fenecida,
Além é a mágoa que se desarvora,
Depois, é a grande noite sem aurora
Da penúria que clama desvalida!...

Segue, esquecendo a prova que te agita,
Eleva o coração por luz bendita,
Ama, auxilia e serve, quanto possas!...

Espalha o amor na fé com que te alteias,
Amenizando as lágrimas alheias,
Teremos Cristo suprimindo as nossas.

(Psicografado na Fundação Marietta Gaio,
Rio de Janeiro, RJ – abril/1975.)

# *Paz em prece*

Amado coração, não te amedronte
A tormenta frenética lá fora,
Na dor humana que se desarvora,
Mesmo que a sombra lívida te afronte.

Duras incompreensões chovam em monte,
Fúrias da noite gritem, de hora a hora,
Lembra o clarão do sol por nova aurora
Em que a vida mais alta se te aponte.

Do pensamento em paz a que te elevas,
Deixa que a luz de Deus dissipe as trevas,
Guardando a prece por seguro abrigo!...

E ama, serve, e segue, estrada a estrada,
Na certeza serena e imaculada
De que a bênção do Mestre vai contigo.

(Psicografado no Grupo Espírita da Prece,
em Uberaba, MG – julho/1975.)

# *Mensagem do coração*

Chamas por Cristo em rogativa ardente
E, não longe, a servir, brando e discreto,
Acenando-te ao ninho predileto,
Eis o Mestre a chamar-te docemente...

Enquanto choras em repouso, à frente
Ele sangra de dor, no imenso afeto
Aos que vivem sem luz, sem pão, sem teto,
Na longa retaguarda padecente.

Se procuras ouvir o Grande Apelo,
Para exaltar-lhe as bênçãos e estendê-lo,
Vem e ajuda a aflição gritante e nua...

E encontrarás em Cristo, que te espera,
A alegria da Eterna Primavera,
Reconfortando a dor, maior que a tua...

# *Serve sorrindo*

Derrama o coração pelo caminho,
Tange a lira do bem que te procura,
A mensagem da paz, canta baixinho,
Onde brilhe a bondade doce e pura.

Oferta um ramo em flor a cada espinho,
Por mais te doa a mágoa que tortura.
Para quem chora, a bênção de carinho
É como estrela para a noite escura.

Bendize a própria dor em que te exprimes!
Serve sorrindo, embora de alma presa
Ao turbilhão das lágrimas sublimes.

Verás então que em tudo se descerra
O amor de Deus na glória da beleza,
Que em cascatas de luz envolve a Terra!

# *Carta de mãe*

Meu filho, a luta é a escola que ilumina...
Não lhe fujas ao santo itinerário,
E ainda mesmo chorando, solitário,
Colhe o tesouro de lição divina.

Ouve o Celeste Amigo do Calvário...
Em Jesus, todo amor levanta e ensina,
Trazendo a paz ditosa e cristalina
Ao nosso anseio multimilenário!...

Servo, sustém a fé por teu escudo,
Peregrino das dores, faze tudo
Por guardar-lhe as bênçãos e entendê-las.

E não te esqueças, filho bem-amado,
Que buscamos contigo, lado a lado,
Nosso ninho na glória das estrelas!...

(Psicografado no Grupo Espírita Luís Gonzaga,
em Pedro Leopoldo, MG)

# *Mais além*

A sombra, em torno à estrada, não te importe,
Segue varando injúrias e ameaças
E estende os dons do amor no bem que faças,
Sem que o frio a vencer te desconforte.

Sê, ante o mundo, o amparo humilde e forte,
Levanta corações na luz que abraças,
Distribuindo graças sobre graças
Na fé que varre a dor, a treva e a morte.

Por mais pedras à frente, ajuda e avança
Por facho de bondade e de esperança,
Que o dever de servir jamais te doa...

Alguém te apoiará, dia por dia,
A envolver-te de paz e de alegria,
Esse alguém é Jesus que te abençoa.

(Psicografado no Grupo Espírita da Prece,
em Uberaba, MG – agosto/1976.)

# *Na luz perene*

Não te rendas aos golpes da amargura,
Nem conserves a mágoa no teu ninho;
A dor que atinge extremos de tortura
É refúgio real no torvelinho.

Colhe as flores da estrada com brandura,
E planta novos sonhos de carinho;
Socorre a inquietação que te procura,
E eis que a paz te enobrece no caminho.

Se te escasseia o amor à própria vida,
Descerás para a sombra, instante a instante,
Ao tributo fatal da morte infrene.

Mas se buscas sorrir e dar guarida
Ao cansado viajor de passo errante,
Renascerás, feliz, na Luz Perene!...

(Impresso pela Casa Transitória da Federação Espírita
do Estado de São Paulo.)

# Segue adiante

Faze da própria dor o facho da esperança,
Espalhando por luz o verbo em que te exprimes,
Revelando em Jesus as estradas sublimes
Para o Reino de Paz, onde a Paz nos descansa.

Por mais luta ou mais dor, jamais te desanimes.
Chora, mas serve e crê, suporta e avança
Nos caminhos da fé, mantendo a segurança
Das ideias do bem a que te arrimes!...

Não olhes para trás, mesmo de lenho aos ombros,
Vara pedras, brejais, trevas e escombros,
Prossegue à frente, eleva, ampara e lida...

E um dia, muito além da sombra e da saudade,
Encontrarás de novo o Lar da Eternidade
E a vitória do amor na Grande Vida.

(Psicografado na Fundação Marietta Gaio,
no Rio de Janeiro, RJ – abril/1977.)

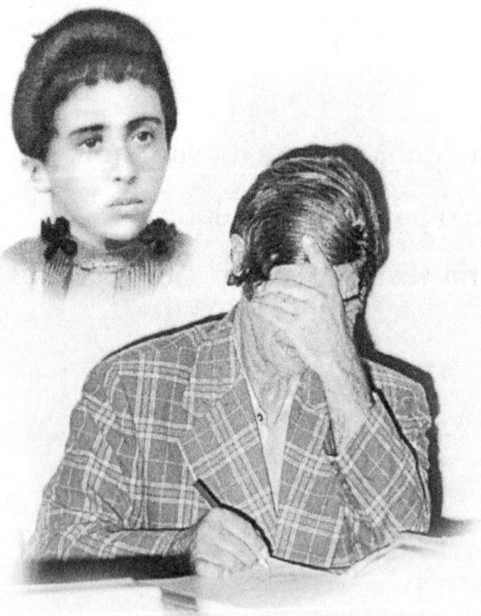

# *Trovas*

## Amor e entendimento

Se há defeito em quem amas,
Não te lamentes, nem grites,
Que amor à frente da sombra
É sempre luz sem limites.

*"Chão de Flores"* – IDEAL

## Amor e felicidade

De todos os sentimentos,
O amor, – esse dom profundo, –
É o bálsamo com que Deus
Suprime os males do mundo.

*"Trovas do mais Além"* – CEC

## Caridade e perdão

Caridade verdadeira,
Em todos os seus caminhos,
Quando oferece uma rosa
Sabe tirar os espinhos.

*"Chão de Flores"* – IDEAL

## Canções para Jesus

Na bela dupla de estrelas
Em que o Natal se anuncia,
Precedendo a de Belém,
A primeira foi Maria.

*"Recanto de Paz"* – FMG

## Deduções do amor

Todo amor é Deus na vida
A criá-la e engrandecê-la,
Desde a penúria do charco
À luz divina da estrela.

*"Rosas com Amor"* – IDE Editora

## Canções da alegria

Arte nobre, ativa e bela
Venha de crentes ou ateus,
É sempre luz que revela
A Providência de Deus.

*"Chão de Flores"* – IDEAL

## *Deus é amor*

Sem Deus nas forças do afeto
De que Deus possa dispor
O tempo aparece e arrasa
Qualquer espécie de amor.

*"Chão de Flores"* – IDEAL

## *Em torno da criança*

Mãe de filhinhos dos outros,
Mulher de mãos benfazejas...
Diz o Mundo: – "Deus te guarde!..."
Diz o Céu: – "Bendita sejas!..."

*"Recanto de Paz"* – FMG

## Em torno do amor

Obsessão de quem ama
Ninguém consegue entendê-la,
Parece vaso de lama
Encarcerando uma estrela.

*"Rosas com Amor"* – IDE Editora

## Exortação

Tu que vives na paz e na abastança,
Lembra que há muita lágrima dorida.
Leva ao que sofre um raio de esperança
Minorando as torturas desta vida.

Ass. Espírita "Obreiros do Bem" – julho/1941

## Instruções da vida

Ofensa, pedrada, espinho,
Injúria, maldade ou lama...
Tudo vence no caminho
O coração de quem ama.

*"Chão de Flores"* – IDEAL

## Lei

Da estrela à raiz da erva
Vibra esta lei do Senhor:
O tempo apenas conserva
O que se faz por amor.

*"Rosas com Amor"* – IDE Editora

## *Memórias da vida*

Tribulações de alma aflita?...
Esquece fazendo o bem,
Deus é a Bondade Infinita,
Não desampara a ninguém.

Fundação Marietta Gaio
Rio de Janeiro, RJ – março/1974

## *Mensagens das rosas*

A morte não vence a vida
Por muito que a desarrume.
Tomba a rosa fenecida,
O céu recolhe o perfume.

*"Rosas com Amor"* – IDE Editora

## *Notas da estrada*

Tenho a luz dos dias meus
Nesta sentença concisa:
Coração entregue a Deus
Tem tudo o de que precisa.

## *Quem ama*

Amor no amor de quem ama
Vara fel, pedra, aflição,
Até que se faz estrela
Por dentro do coração.

*"Rosas com Amor"* – IDE Editora

## Registro

Ama e serve, sofre e luta...
Sem lâmina que a sublima
A pedra largada e bruta
Nunca seria obra prima.

*"Rosas com Amor"* – IDE Editora

## Rimas da esperança

Embora desiludida,
Alma cansada e sincera,
Por muito te doa a vida,
Não desanimes!... Espera.

*"Chão de Flores"* – IDEAL

# Tempo de mães

Para qualquer criatura,
Bons e maus, crentes e ateus,
Em qualquer parte do Mundo,
Mãe é presença de Deus.

# Tempo de natal

Jesus, servindo sem guerra,
Demonstrou, sem nada impor,
Que o reino da paz, na Terra,
Tão-só precisa de amor.

## *Trabalho e amor*

Segue o ideal que te aquece
Serve ao bem, seja onde for,
Trabalho que permanece
É o que se faz por amor.

*"Rosas com Amor"* – IDE Editora

## *Trovas de fé e razão*

Filho do meu coração
Nas lutas por luz e paz,
Não te afastes da razão,
Mas só na fé vencerás.

Fundação Marietta Gaio
Rio de Janeiro, RJ – julho/1974

# Trovas para Jesus

Caridade, onde estiveres
Lenindo as dores de alguém,
Onde sirvas, onde fales,
Jesus estará também.

*"Orvalho de Luz"* – CEC

# Verdade e amor

Disse Jesus: "a verdade
Todos livres nos fará..."
Cada qual tem o seu dia,
Quem ama compreenderá.

Fundação Marietta Gaio
Rio de Janeiro, RJ – setembro/1973

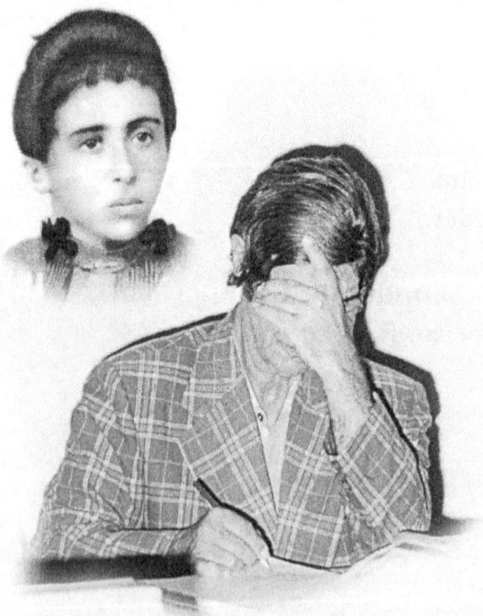

# Biografia

*"Uma biografia simples como os seus versos e o seu coração..."*

Henrique Castriciano,
irmão de Auta,

Henrique Castriciano, irmão de Auta, no primeiro parágrafo de sua "Nota", escrita em Paris, em 1910, assim nos resume a vida da poetisa:

"Auta de Souza nasceu em Macaíba, pequena cidade do Rio Grande do Norte, em 12 de setembro de 1876; educou-se no Colégio São Vicente de Paulo, em Pernambuco, sob a direção de religiosas francesas; e faleceu em 7 de fevereiro de 1901, na cidade de Natal. Uma biografia simples como os seus versos e o seu coração..."

Podemos, sem ferir a simplicidade da vida e da obra da poetisa, respigar, aqui e ali, na "Vida Breve de Auta de Souza", de Câmara Cascudo, em escritos de seus irmãos Henrique e Elói de Souza, em pesquisas de Stig Roland Ibsen, em páginas de críticos literários, podemos acrescentar alguns ligeiros dados sobre a carinhosa amiga dos sofredores, anotando, ainda brevemente, os ritmos de seu sentimento poético de aquém e além-túmulo.

Macaíba ainda não era Vila do Império quando Auta de Souza nasceu. Adquire essa categoria no ano seguinte.

A terra natal da poetisa atinge os foros de cidade no ano da proclamação da República.

Filha de Elói Castriciano de Souza e D. Henriqueta Leopoldina Rodrigues de Souza, nasceu Auta no dia 12 de setembro de 1876; "magrinha", calada, era, com o mano Irineu, de pele clara, um moreno doce à vista como veludo ao tato."

Além de Irineu, Elói (Júnior) e Henrique Castriciano já haviam nascido e, depois de Auta, ainda despontaria o João Câncio.

Desde a infância, nossa poetisa iria estudar, ininterruptamente e resignadamente, as grandes lições do sofrimento humano...

Antes de completar três anos, já é órfã de mãe. Menos de dois anos depois, em janeiro de 1881, desencarna seu pai.

Auta e seus irmãozinhos – ela é a única menina entre os cinco filhos de Elói e Henriqueta – deixam, então, Macaíba e são levados pelos avós maternos para Recife, para o velho sobrado do Arraial.

É aí, na grande chácara, que Auta, em meio a sofrimentos contínuos, vai conhecer também a sublime dedicação de sua avozinha, a Dindinha – D. Silvina de Paula Rodrigues, que será sua mãe de criação, anjo da guarda de seus dias terrenos.

Com os irmãozinhos, teve um professor amigo e aos sete anos já sabia ler e escrever. Aos oito – recorda seu irmão Henrique – lia para as crianças pobres, para humildes mulheres do povo ou velhos escravos as páginas simples e ingênuas da "História de Carlos Magno", brochura que corria os sertões, escrita ao gosto popular da época.

Aos dez anos, uma tragédia vem abalar novamente seu espírito, saudoso da dedicação materna e dos carinhos de seu pai, embora a devoção maternal da Dindinha.

Uma noite – noite inesquecível de 15 de fevereiro de 1887 – o seu irmão tão carinhoso, o caladão, o companheiro de todas as horas, o Irineu subia ao andar superior do casarão, levando uma lamparina de querosene. Supõe-se que o vento, canalizado em chaminé próxima, provocou a explosão do candieiro. Irineu foi envolvido em chamas. Grita apavorado, desce a escada, foge para a chácara... Mas quanto mais foge mais as labaredas o cingem. Cai, sem forças, e vai resistir ainda dezoito horas de dor... O irmãozinho poeta (escrevia e ocultava seus versos), o silencioso e humilde Irineu Leão vai juntar-se aos seus pais... É o que Henrique Castriciano, em sua Nota, assim resume: "era já órfã de pai e mãe, tendo assistido ao espetáculo inesquecível do aniquilamento de um irmão devorado pelas chamas, numa noite de assombro."

É por isso que "o pensamento da morte domina toda a sua poesia, ao lado do sentimento da *infância*. A infância e a morte são o *leit-motiv* dos seus poemas..." – observa Tristão de Ataíde.

No seio turbilhonante das interrogações sobre a dor e o destino, Auta recebe, em sua infância duramente marcada de provações, o carinho constante de abençoada velhinha que se lhe tornara mãe extremosa: é a bênção das compensações descendo da Divina Providência. É a essa Dindinha que ela dedica o segundo poema de seu "Horto":

*Minh'alma vai cantar, alma sagrada!*
*Raio de sol dos meus primeiros dias...*
*Gota de luz das regiões sombrias*
*Da minha vida triste e amargurada.*

*Minh'alma vai cantar, velhinha amada!*
*Rio onde correm minhas alegrias...*
*Anjo bendito que me refugias*
*Nas tuas asas contra a sina irada!*

Antes dos 12 anos é matriculada no Colégio de São Vicente de Paulo, no bairro da Estância, onde recebe carinhosa acolhida por parte das religiosas francesas que o dirigiam, as *"soeurs de charité"* que lhe ofertam primorosa educação: Literatura, Inglês, Música, Desenho...

É junto das Irmãs de São Vicente que Auta aprende e domina o idioma francês, o que lhe permitirá ler, no original, Lamartine, Vítor Hugo, Chateaubriand, Fénelon, com o mesmo carinho que lerá, nos seus últimos dias terrestres, a "Imitação de Cristo" as obras de Santa Teresa d'Ávila e os "Pensamentos de Marco Aurélio...

De 1888 a 1890, a jovem Auta estuda, recita, verseja, ajuda as Irmãs do Colégio, aprimora a beleza de sua fé na leitura constante do Evangelho, entretece amizades fiéis entre as colegas e as professoras queridas.

Três anos após a desencarnação trágica do irmãozinho querido, ainda no educandário da Estância, em 1890, manifestam-se os primeiros sinais da enfermidade que iria consumir seu frágil organismo.

"Foi sempre fraquinha" – revelaria mais tarde seu irmão Henrique a Câmara Cascudo. Auta era uma jovem de 14 anos: a *princesinha* de Elói e Henriqueta iniciava novos e doridos passos do seu calvário...

A Dindinha, depois de levá-la a vários médicos da capital pernambucana, resolve voltar com os netos para a terra norte-rio-grandense. Ei-los todos, logo, em Macaíba, o berço natal da poetisa...

Auta escreve, relaciona-se com os seus conterrâneos mais e mais, ensina às crianças as primeiras noções de religião, mas a enfermidade avança... É preciso buscar o interior, ansiando melhoras em clima seco... E começam as peregrinações, molestosas e tristes, mas sob o amparo angelical da Dindinha: Fazenda Jardim, Araçá, Angicos, Nova Cruz, Utinga, São Gonçalo, com intervalos em Macaíba e Natal, e ainda na Serra da Raíz, na Paraíba...

Quando seu "Horto" sai do prelo, Auta está em Natal: 20 de junho de 1900. Conta seu biógrafo que, ao receber o volume, "Auta desfez o invólucro, olhou o livro e disse, alto, como um cerimonial: "Horto!" E depois o apertou ao coração..."

Em sessenta dias estava esgotada a edição.

A enfermidade, entretanto, prossegue seu assédio. Auta atravessa ermos e carrascais. A jovem poetisa jamais conhecerá *"la vie em rose..."*

Continuamente medita o Evangelho e mais e mais se aproxima de Cristo:

" .................................................................................

*Jesus descia sobre o meu Horto...*
*Estrelas lindas no céu brilharam,*
*Voltou-me o riso, já quase morto.*

*E a sua boca falou tão doce,*
*Como se a corda de uma harpa fosse:*
*Filha adorada que o teu gemido*
*Ergueste n'asa de uma oração,*
*Na treva escura sempre envolvido,*
*Por que soluça teu coração?*

*Levanta os olhos para o meu rosto,*
*Que à vista dele foge o Desgosto.*

*Não tenhas medo do sofrimento.*
*Ele é a escada do Paraíso...*
*Contempla os astros no firmamento,*
*Doces reflexos de meu sorriso.*

*Não pensa em dores nem canta mágoas*
*A garça nívea fitando as águas.*

*Sigo-te os passos por toda parte,*
*Vivo contigo como um irmão.*
*Acaso posso desamparar-te*
*Quando me trazes no coração?*

*Nas oliveiras do mesmo Horto,*
*Enquanto orares, terás conforto.*
.................................................................................. "

Além do Evangelho, a *"Imitação de Cristo"* lhe faz companhia nas horas de dor, à espera da *"Sorella Morte":*

*Quando meu pobre coração doente,*
*Cheio de mágoas, desolado e aflito,*
*Sinto bater descompassadamente,*
*Abro este livro então: leio e medito.*

Foi na capital norte-rio-grandense que Auta se despediu deste mundo, "fugindo às mágoas terrenas", "quebrando os laços" que a prendiam ao cativeiro opressivo da vida terrestre. Em janeiro de 1901, cerca de um mês antes de sua desencarnação, ela pressente a visita da Irmã Libertadora, confia-se ao Divino Amigo e prepara-se para o sublime voo da ascensão espiritual. E escreve seus últimos versos:

*Fugir à mágoa terrena*
*E ao sonho, que faz sofrer,*
*Deixar o mundo sem pena*
*Será morrer?*

*Fugir neste anseio infindo*
*À treva do anoitecer,*
*Buscar a aurora sorrindo*
*Será morrer?*

*E ao grito que a dor arranca*
*E o coração faz tremer,*
*Voar uma pomba branca*
*Será morrer?*

II

*Lá vai a pomba voando*
*Livre, através dos espaços...*
*Sacode as asas cantando:*
*"Quebrei meus laços!"*

*Aqui, n'amplidão liberta,*
*Quem pode deter-me os passos?*
*Deixei a prisão deserta,*
*"Quebrei meus laços!"*

*Jesus, este voo infindo*
*Há de amparar-me nos braços,*
*Enquanto eu direi sorrindo:*
*"Quebrei meus laços!"*

Na madrugada de 7 de fevereiro de 1901 – uma hora e quinze minutos da madrugada – desatam-se finalmente os laços que a prendiam ao corpo enfermo e cansado...

Refletindo a serenidade interior e a inteireza de sua fé, os olhos tranquilos se fecham suavemente... Mas antes, já que não mais poderia dizer uma palavra de despedida, movimenta as mãos num sentido adeus para os que ficam...

Neste volume espiritual da Poetisa Rediviva, que a mediunidade límpida e fiel de Chico Xavier nos oferta, repleno de beleza e de vida, sentimos a mesma Auta, generosa e humilde, toda inclinada para os sofredores, para os humilhados, para os tristes... Agora, é portadora de uma Nova Luz, é mensageira de esperanças mais dilatadas, em apelos que nos fazem pensar nos perigos espirituais dos adiamentos e das delongas:

*Segue os passos do Mestre enquanto é dia...*
*Sobe do escuro vale para o monte,*
*Que a coroa de lágrimas te aponte*
*A vitória da crença que porfia.*

*Não te detenhas na escabrosa via*
*E que a taça de fel não te amedronte*
*Louva o madeiro que te dobra a fronte*
*Para a estrada cruel, áspera e fria.*

*Enquanto há sol, avança na subida,*
*De alma desfalecente e consumida,*
*Bendizendo o martírio que te eleva!*

*Seja a Luz tua excelsa recompensa,*
*Porque a noite da morte é triste e densa*
*Para aqueles que dormem sob a treva.*

Um dos sentimentos mais efusivos e marcantes do coração de Auta foi o maternal, embora não tivesse conhecido as alegrias espirituais da família direta.

No seu "Horto", ela suplica a Jesus:

*Dá-me nas noites, negras de dores,*
*Uma cruz santa para adorar,*
*E em dias claros, cheios de flores,*
*Uma criança para beijar.*

A saudade da Mãezinha e os carinhos maternais da Dindinha enriqueceram seu coração profundamente maternal, fazendo-nos recordar a observação do Padre Germano, em suas "Memórias", sobre a maternidade espiritual do coração de todas as mulheres:

*Quando beijares teus filhinhos, pensa*
*O que seria deles sem teus beijos...*

Do Outro Lado da Vida, Auta continua a ser a mesma extremosa mãezinha, pelo espírito e pelo coração, qual nesta "Canção Materna", dedicada a um coração filial de outras eras:

*Filho do coração, além das dores*
*Da cruz de pranto que te dilacera,*
*Fulge, sublime, excelsa primavera*
*Ao sol do amor de todos os amores.*
*Agradece os espinhos e amargores*
*Em que te afliges sob a longa espera...*
*E lançando ao futuro a alma sincera,*
*Vara, gemendo, os trilhos redentores.*

*Chora, louvando as lágrimas doridas,*
*Que nos lavam as sombras de outras vidas*
*Como forças de imensa tempestade...*

*Trabalha, serve e crê, ama e confia*
*E ascenderás à glória da alegria*
*No coração de luz da Eternidade.*

Sua tônica é sempre o amor elevado e altruísta, a bondade afetuosa que Jesus nos exemplificou, Seu grande legado. Auta nos ensina a orar e ajudar, a buscar a intimidade com o Céu, mas unindo-a ao socorro aos nossos irmãos mais sofredores:

*Depois da prece doce em teu recanto,*
*Onde a luz do conforto surge, acesa,*
*Vem ouvir os gemidos de tristeza*
*Da miséria que a noite afoga em pranto.*

*Contemplarás velhinhos de alma presa*
*Às algemas de angústia e desencanto.*
*E crianças que o frio envolve, enquanto*
*Mães fatigadas tremem de incerteza...*

*Ora e traze o consolo que te invade*
*Por flama de alegria e caridade,*
*Onde espinhos e lágrimas divises!...*

*E entenderás na fé viva e sincera*
*Que a presença de Cristo nos espera*
*Entre as chagas dos grandes infelizes.*

E toda a produção mediúnica de Auta, como o leitor sentirá neste livro memorativo do centenário de sua última reencarnação terrestre, é um hino aos sentimentos mais nobres, aos elevados valores morais que ela sempre albergou em seu coração.

Auta de Souza, para epígrafe de seu "Horto", escolheu as belas palavras do encantador *"Coração"*, de Edmundo de Amicis:

*"Deus, que nos lançou uns nos braços dos outros, não há de separar-nos para sempre... Ver-nos-emos em uma outra vida, onde os que sofreram nesta serão compensados; onde o que muito amou na Terra tornará a encontrar as almas amadas, num outro mundo, sem lágrimas e sem morte."*

É bom que estes formosos pensamentos do primoroso escritor italiano encerrem estas humildes páginas à guisa de prefácio. Porque realmente, assim é. Não estamos distanciados, não nos separamos, na verdade, nunca, daqueles que amamos, na Terra ou na Eternidade.

Os encontros e reencontros se repetem incessantemente. Somos, assim, mais felizes do que poderia sê-lo Caio Plínio Cecílio Segundo – Plínio, o Jovem. Porque o ilustrado amigo do imperador Trajano limitava-se a considerar que os espíritos imortais dos que partiram deste mundo nos falam nas bibliotecas: *"in bibliothecis loquuntur defunctorum immortales animae"*.

Mas aqui, qual vivificante exemplo, a cristalina mediunidade de Francisco Cândido Xavier nos coloca na presença real e confortadora do excelso coração de Auta de Souza.

Ela voltou do "mundo sem lágrimas e sem morte" para trazer-nos a formosura de seu pensamento e os mais comoventes apelos de seu virtuoso espírito.

Para descortinar-nos, amorosa e sábia, a magnífica beleza do Reino de Deus, na luz de seus versos suaves e envolventes. E estimular-nos, qual mãe carinhosa, à conquista desse Reino...

Auta voltou. Rediviva, aqui está conosco, em abençoado convívio. É bem certo que o Senhor, que nos aproximou uns dos outros e nos uniu pelos laços mais santos da vida, não nos separa nunca, nem destrói transcendentes liames do espírito.

Auta aqui está, pelo pensamento e pelo coração. Mais viva que outrora, quando peregrinava, entre saudades e lágrimas, pelos áridos caminhos do Agreste e do Sertão de sua terra natal...

Abramos carinhosamente seu novo livro, tesouro do Mundo Maior, e meditemos nas sagradas lições da gentil Mensageira da Eternidade...

CLOVIS TAVARES

*CAMPOS, RJ,*

*(66º aniversário de Francisco Cândido Xavier e Ano do Centenário de Auta de Souza). (2-4-1976 – 12-9-1976)*

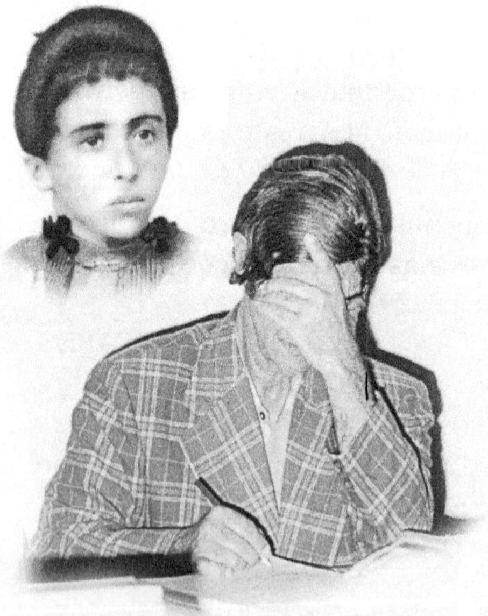

# *Fatos cronológicos*

Clovis Tavares
Stig Roland Ibsen

# *Auta de Souza*

12-09-1876 – Nasce Auta de Souza na Freguesia de Macaíba, Rio Grande do Norte. São seus pais: Eloy Castriciano de Souza e D. Henriqueta Leopoldina Rodrigues de Souza.

20-10-1877 – Nasce João Câncio Rodrigues de Souza, último irmão e o único a deixar descendência.

09-06-1879 – Falece D. Henriqueta. Nascera em Recife (Pernambuco), em 19-5-1852. (Mãe) – Com os avós maternos e os irmãos Eloi, Henrique, Irineu e João Câncio, Auta de Souza muda-se para Recife – Sítio do Arraial.

15-01-1881 – Falece Eloy. Nascera no município de São Gonçalo (Potengi Pequeno), Rio Grande do Norte, em 1º-12-1842. (Pai).

29-10-1882 – Falece Francisco de Paula Rodrigues, avô materno.

16-02-1887 – Falece Irineu Leão Rodrigues de Souza, incendiado numa explosão de um lampião de querosene, na noite do dia 15, em Recife-PE. Nascera em Macaíba, em 28-6-1875. (Irmão)

1888 – Auta de Souza é matriculada no Colégio São Vicente de Paulo, das Religiosas Francesas. No 2º ciclo obtém quase todos os primeiros prêmios. Fala fluentemente o francês, dominando razoavelmente o inglês. (Estância-Recife-PE)

1890 – Primeiros sinais da tuberculose. Retorna com a avó materna, D. Silvina de Paula Rodrigues ("Dindinha") juntamente com os demais irmãos para Macaíba.

1893 – Aos 17 anos, aparecem publicadas suas primeiras poesias.

1894 – Auta inicia sua colaboração na revista "OÁSIS", Natal-RN.

1896 – Colabora no jornal "A REPÚBLICA", pertencente ao Governo e no órgão do Grêmio Literário "LE MONDE MARCHE", Natal-RN.

1897 – Colabora na revista "A TRIBUNA", do Congresso Literário, usando também os pseudônimos de "Ida Salúcio" e "Hilário das Neves", Natal-RN.

– Reúne suas produções poéticas sob o título inicial de "DHALIAS".

1898 – Colabora no jornal "OITO DE SETEMBRO" e na "REVISTA DO RIO GRANDE DO NORTE", Natal-RN.

– Escolhe "HORTO" como título definitivo de seu único livro de poesias.

12-09-1899 – Zeferino Arruda, (Alberto Maranhão) publica em "A TRIBUNA", nº 10, artigo sob o título "AUTA DE SOUZA", Natal-RN.

10-1899 – 'Olavo Bilac escreve o prefácio do "HORTO" e o escritor gaúcho Arthur Pinto da Rocha lê os originais, anotando-os com elogios.

20-06-1900 – Circula a 1ª edição de "HORTO", impresso em "A REPÚBLICA", com 232 páginas, 114 poesias – 1.000 exemplares.

01-07-1900 – Polycarpo Feitosa (Antônio José de Melo

e Souza) publica em "A REPÚBLICA" artigo sob o título "HORTO", Natal-RN.

14-07-1900 – Sebastião Fernandes publica em "A TRIBUNA", nº 5, artigo sob o título "HORTO".

07-02-1901 – Falece à 1 hora e 15 minutos da madrugada, Auta de Souza. Tinha 24 anos, 4 meses e 26 dias. Sepultada no Cemitério do Alecrim-Natal-RN.

*AUTA DE SOUZA*
*Outros Dados, Datas e Bibliografia crítica*

27-02-1901 – Antônio Marinho publica número especial em "A TRIBUNA" dedicada a Auta de Souza, Natal-RN.

1906 – Os restos mortais de Auta de Souza são trasladados para o jazigo da família na Igreja-matriz de Macaíba-RN.

11-12-1908 – Falece em Natal-RN a avó materna, D. Silvina de Paula Rodrigues ("Dindinha"), nascida em 1828, Goiana-PE.

04-08-1910 – Henrique Castriciano de Souza, irmão, escreve em Paris, "NOTA" para a segunda edição do "HORTO".

1911 – 2ª edição do "HORTO". Ilustrações de D. O. Widhopff, Aillaud, Alves & Cia., – Paris.

– Nestor Victor publica sob o título "HORTO" – Poesias de Auta de Souza – reunido ao "A Crítica de Hontem". Livraria e Editora Leite Ribeiro & Murilo – Rio de Janeiro.

19-10-1911 – Decreto Estadual nº 255, criando um Grupo Escolar em Macaíba-RN – denominando-o "AUTA DE SOUZA".

1915 – J. A. Correia de Araújo, publica pela Tipografia Freitas de Azevedo de Recife-PE – artigo sob o título "AUTA DE SOUZA E AS POESIAS DO HORTO".

1918 – Leal de Souza – "A MULHER NA POESIA BRASILEIRA" – Rio de Janeiro.

29-11-1921 – Sebastião Fernandes, "AUTA DE SOUZA", conferência no Teatro Carlos Gomes, Natal-RN.

1923 – Perilo Gomes, "ENSAIOS de CRÍTICA DOUTRINÁRIA" – Edição "Centro D. Vital", Rio de Janeiro.

07-1924 – Jackson de Figueiredo, "AUTA DE SOUZA", ensaio. Edição "Centro D. Vital" Tipografia do Anuário do Brasil. Rio de Janeiro.

08-1924 – Tasso da Silveira, "AS MULHERES POETAS DO BRASIL", IV, Auta de Souza, nº 8 (Terra e Sol). Rio de Janeiro.

09-1925 – Fundação na Escola Doméstica, do Grêmio Lítero-Musical "AUTA DE SOUZA". (Reorganizado em 14-4-1954 na Ala Feminina do Colégio Estadual) Natal-RN.

30-08-1930 – Rua "AUTA DE SOUZA" em Natal-RN, pela Lei Municipal nº 14. Prefeito Sr. Omar O. Grady – Sugestão do Instituto Histórico pela comissão: Des. Antônio Soares, Nestor Lima, Câmara Cascudo.

1930 – FRANCISCO CÂNDIDO XAVIER recebe via mediúnica o soneto "Nossa Senhora da Amargura" publicado pelo "ALMANAQUE DE LEMBRANÇAS", de Lisboa, na sua edição de 1932. (ver nota de Elias Barbosa em "No Mundo de Chico Xavier" 2ª edição – pág. 19. IDE – Instituto de Difusão Espírita, Araras-SP).

12-1931 – Lançamento da 1ª edição do "PARNASO DE ALÉM-TÚMULO" pela FEB – FEDERAÇÃO ESPÍRITA BRASILEIRA, reunindo produções de AUTA DE SOUZA pela mediunidade de Francisco Cândido Xavier. (Ver nota de ELIAS BARBOSA - 9ª edição comemorativa-1972, páginas 169/174).

09-12-1933 - Falece em São José de Mipibu, João Câncio Rodrigues de Souza, irmão.

1936 - 3ª edição do "HORTO", prefácio de Alceu Amoroso Lima (Tristão de Ataíde), Tipografia Batista de Souza, Rio de Janeiro.

14-11-1936 - Instalação da Academia Norte-Rio-Grandense de Letras com a poltrona XX, dedicada a Auta de Souza. D. Palmira Wanderley é a primeira titular.

14-03-1937 - Palmira Wanderley, "AUTA DE SOUZA", conferência no Teatro Carlos Gomes, Natal-RN.

03-02-1938 - 1ª edição da obra "LIRA IMORTAL" - LAKE - Livraria Allan Kardec Editora - São Paulo - SP - incluindo a produção mediúnica de Francisco Cândido Xavier, de Auta de Souza, "A Jesus".

06-05-1939 - Álvaro Marinho Rego, "AUTA DE SOUZA", "Dom Casmurro", Rio.

01-06-1941 - Luís da Câmara Cascudo, "AUTA DE SOUZA", "Acta Diurna", "A República", Natal-RN.

23-02-1943 - Luís da Câmara Cascudo, "Um Túmulo para Auta de Souza."

26-07-1947 - Falece em Natal-RN, Henrique Castriciano de Souza, irmão. Nascera em Macaíba-RN, em 15 de março de 1874.

1950 - Natércia Freire, "POETISAS DO BRASIL", Atlântico nº 3, 3ª série, Lisboa.

12-09-1950 - Jandira Carvalho, ensaio sobre AUTA DE SOUZA na posse na Ala Feminina da "Casa Juvenal Galeno", Fortaleza, Ceará.

17-06-1951 – A Academia Norte-Rio-Grandense de Letras coloca uma lápide no túmulo de Auta de Souza, por proposta de seu presidente Paulo Pinheiro de Viveiros.

14-07-1952 – Fundação ALIANÇA DO DIVINO PASTOR – Rio de Janeiro, 1ª edição da obra "CARTAS DO CORAÇÃO" com novas poesias de AUTA DE SOUZA pela mediunidade de Francisco Cândido Xavier.

03-02-1953 – Nympho Correa reúne alguns amigos na Federação Espírita do Estado de São Paulo e propõe ao departamento de Assistência Social, um projeto para uma campanha de rua, cujo nome deveria ser Campanha de Fraternidade.

03-03-1953 – Iniciava na cidade de São Paulo, no bairro de Pinheiros em frente ao Cemitério do Araçá, uma Campanha de Fraternidade conhecida posteriormente como Campanha de Fraternidade Auta de Souza.

1955 – Otto Maria Carpeaux – Pequena Bibliografia Crítica da Literatura Brasileira. 2ª edição – Ministério da Educação e Cultura, Rio de Janeiro.

10-06-1955 – 1ª edição da obra "INSTRUÇÕES PSICOFÔNICAS" pela FEB – Federação Espírita Brasileira, incluindo poesia de AUTA DE SOUZA pela mediunidade de Francisco Cândido Xavier.

1957 – 1ª Concentração das Campanhas de Fraternidade Auta de Souza, realizada na cidade de Ribeirão Preto. Encontro anual que segue até os dias de hoje, que tem por finalidade dinamizar as Campanhas Fraternidade Auta de Souza e seus diversos objetivos. Atualmente é conhecido por Confraternização das Campanhas Fraternidade Auta de Souza e Promoção Social Espírita – CONCAFRAS-PSE.

07-10-1959 – Falece em Natal-RN, Eloi Castriciano de

Souza, o irmão primogênito. Nascera em Recife-PE, em 4 de março de 1873.

1961 – Luís da Câmara Cascudo publica "VIDA BREVE DE AUTA DE SOUZA", prefácio de Edgar Barbosa, mandado imprimir pelo jornalista Romildo Gurgel, Secretário de Educação e Cultura sob os auspícios do Exmo. Sr. Dinarte de Medeiros Mariz, Governador do Estado do Rio Grande do Norte.

20-06-1962 – Esmeralda Campos Bittencourt reúne poesias de Auta de Souza pela mediunidade de Francisco Cândido Xavier na obra "RELICÁRIO DE LUZ" – 1ª edição, GRUPO ESPÍRITA FABIANO – Rio de Janeiro.

03-10-1962 – 1ª edição da obra "ANTOLOGIA DOS IMORTAIS" pela FEB – Federação Espírita Brasileira reunindo poesias de Auta de Souza através dos médiuns Francisco Cândido Xavier e Waldo Vieira.

25-12-1966 – 1ª edição da obra "ANTOLOGIA MEDIÚNICA DO NATAL" pela FEB – Federação Espírita Brasileira, com poesias de Auta de Souza pela mediunidade de Francisco Cândido Xavier.

1967 – O escritor CLOVIS TAVARES reúne na obra "TRINTA ANOS COM CHICO XAVIER" – 1ª edição, CALVÁRIO – São Paulo-SP, poesias de Auta de Souza, pela mediunidade de Francisco Cândido Xavier, a ele dedicadas.

01-12-1969 – Primeiras trovas de Auta de Souza, pela mediunidade de Francisco Cândido Xavier – "ORVALHO DE LUZ" – 1ª edição – CEC – COMUNHÃO ESPÍRITA CRISTÃ – Uberaba – MG.

16-02-1969 – Edmundo Lys – "Canto dos Poetas", "Joias do Soneto Feminino", "Correio Brasiliense" – Brasília-DF.

01-08-1969 – 1ª edição da obra "POETAS REDIVIVOS", pela FEB – Federação Espírita Brasileira, com novas poesias de Auta de Souza pela mediunidade de Francisco Cândido Xavier.

1970 – 4ª edição do "HORTO" pela Fundação José Augusto, Natal-RN, contendo 114 poesias constantes da 1ª, 2ª e 3ª edições, mais 17 poesias inéditas.

15-01-1971 – Novas Trovas de Auta de Souza pela mediunidade de Francisco Cândido Xavier em "TROVAS DO MAIS ALÉM" – 1ª edição, CEC – Comunhão Espírita Cristã – Uberaba – MG.

02-1972 – 1ª edição do livrete apostilhado "CAMPANHA DE FRATERNIDADE AUTA DE SOUZA", reunindo 77 poesias mediúnicas através de diversos médiuns. Instituto Espírita Paulo de Tarso – Ribeirão Preto-SP – compilação de) José Simon Camelo, Lourdes Pileggi Camelo e Edna Maria Marturano, valendo-se das obras publicadas e avulsos do "REFORMADOR" – mensário da FEB – Federação Espírita Brasileira (anos 1954 a 1968) e outras fontes indicadas na obra.

# Agradecimentos

Devemos aos companheiros do Rio Grande do Norte, Lauro Pereira e Ismael Ramos das Neves outros informes essenciais que agradecemos e valemo-nos das obras de LUÍS CÂMARA CASCUDO, "Vida Breve de Auta de Souza" e "Nosso Amigo Castriciano", e da obra "MEMÓRIAS", de Eloy de Souza, para situar as datas e informação bibliográfica sobre Auta de Souza.

Agradecemos às Editoras a autorização concedida de utilização das poesias publicadas, conforme assinalado em cada uma delas e, finalmente, anotamos a gentileza do confrade Casimiro Duarte, de localizar e copiar o poema inicial "Senhora da Amargura", publicado em 1932 no "Almanaque de Lembranças", Lisboa.

# Referências Bibliográficas
# Francisco Cândido Xavier/Auta de Souza

| TÍTULO DA POESIA | PUBLICADA NA OBRA | EDITORA |
|---|---|---|
| A Jesus | *Lira Imortal* | LAKE |
| Adeus | *Parnaso de Além-Túmulo* | FEB |
| | *Lindos Casos de Chico Xavier* | LAKE |
| Agora* | *Auta de Souza* | IDE Editora |
| Alguém | *Poetas Redivivos* | FEB |
| Alguém espera* | *Auta de Souza* | IDE Editora |
| Alguém na estrada | *Recanto de Paz* | FMG |
| Alma querida* | *Auta de Souza* | IDE Editora |
| Almas | *Parnaso de Além-Túmulo* | FEB |
| Almas de virgens | *Parnaso de Além-Túmulo* | FEB |
| Almas dilaceradas | *Parnaso de Além-Túmulo* | FEB |
| Ao Sol do Campo | *Recanto de Paz* | FMG |
| Auxilia* | *Auta de Souza* | IDE Editora |
| Avancemos* | *Auta de Souza* | IDE Editora |
| Bendita sejas | *Campanha de Fraternidade Auta de Souza* | |
| Bendize | *Relicário de Luz* | GEF |
| Caminho de redenção* | *Auta de Souza* | IDE Editora |
| Canção materna | *Trinta anos com Chico Xavier* | CALVÁRIO |
| Caridade* | *Auta de Souza* | IDE Editora |
| Caridade da Luz | *Através do Tempo* | LAKE |
| Carta de Mãe* | *Auta de Souza* | IDE Editora |
| Carta íntima | *Parnaso de Além-Túmulo* | FEB |
| | *Trinta anos com Chico Xavier* | CALVÁRIO |
| Cenáculo Divino | *Cartas do Coração* | LAKE |
| Contrastes | *Parnaso de Além-Túmulo* | FEB |
| Conversando | *Campanha de Fraternidade Auta de Souza* | |
| Divide | *Antologia dos Imortais* | FEB |
| Divina estrela | *Poetas redivivos* | FEB |

| | | |
|---|---|---|
| Do píncaro ao lodo* | *Auta de Souza* | IDE Editora |
| Em êxtase | *Parnaso de Além-Túmulo* | FEB |
| Em oração* | *Auta de Souza* | IDE Editora |
| Em paz | *Parnaso de Além-Túmulo* | FEB |
| Enquanto é dia | *Cartas do Coração* | LAKE |
| Entrevista | *Antologia dos Imortais* | FEB |
| Escuta* | *Auta de Souza* | IDE Editora |
| Esquece* | *Auta de Souza* | IDE Editora |
| Essa migalha | *Campanha de Fraternidade Auta de Souza* | |
| Estrada acima | *Recanto de Paz* | FMG |
| Estrelas | *Antologia dos Imortais* | FEB |
| Glória do bem | *Campanha de Fraternidade Auta de Souza* | |
| Hora extrema | *Parnaso de Além-Túmulo* | FEB |
| Lágrimas* | *Auta de Souza* | IDE Editora |
| Lembrança de irmã | *Trinta anos com Chico Xavier* | CALVÁRIO |
| Lembrança do Natal | *Antologia Mediúnica do Natal* | FEB |
| Louvado sejas* | *Auta de Souza* | IDE Editora |
| Mãe | *Parnaso de Além-Túmulo* | FEB |
| Mãe | *(Antologia)* | O CLARIM |
| Mágoa | *Parnaso de Além-Túmulo* | FEB |
| Mais além* | *Auta de Souza* | IDE Editora |
| Mãos* | *Auta de Souza* | IDE Editora |
| Maria | *Parnaso de Além-Túmulo* | FEB |
| Meditação | *Relicário de Luz* | GEF |
| Mensagem de irmã* | *Auta de Souza* | IDE Editora |
| Mensagem do coração* | *Auta de Souza* | IDE Editora |
| Mensagem fraterna | *Parnaso de Além-Túmulo* | FEB |
| | *Trinta anos com Chico Xavier* | CALVÁRIO |
| | *Francisco C. Xavier em Campos* | EJC |
| Migalha | *Campanha de Fraternidade Auta de Souza* | |
| Moeda, Deus te abençoe | *Poetas Redivivos* | FEB |
| Na luz perene* | *Auta de Souza* | IDE Editora |
| Na romagem da luz | *Taça de Luz* | LAKE |
| No correio evangélico | *Campanha de Fraternidade Auta de Souza* | |
| No livro d'alma | *Cartas do Coração* | LAKE |
| | *Correio Fraterno* | FEB |
| O Senhor vem... | *Parnaso de Além-Túmulo* | FEB |
| Oferenda | *Trinta anos com Chico Xavier* | CALVÁRIO |
| Onde estiveres | *Poetas Redivivos* | FEB |
| Onde Jesus espera | *Poetas Redivivos* | FEB |

| | | |
|---|---|---|
| Ora e vem* | *Auta de Souza* | IDE |
| Oração de Hoje* | *Auta de Souza* | IDE Editora |
| Página de fé | *Trinta anos com Chico Xavier* | CALVÁRIO |
| Palavras da caridade | *Poetas Redivivos* | FEB |
| Paz em prece* | *Auta de Souza* | IDE Editora |
| Pensa* | *Auta de Souza* | IDE Editora |
| Perdoa | *Campanha de Fraternidade Auta de Souza* | |
| Prece | *Parnaso de Além-Túmulo* | FEB |
| | *À Luz da oração* | O CLARIM |
| Prece a Jesus | *Taça de Luz* | LAKE |
| Presença do Amor* | *Auta de Souza* | IDE Editora |
| Querida Nina* | *Auta de Souza* | IDE Editora |
| Rogativa* | *Auta de Souza* | IDE Editora |
| Segue adiante* | *Auta de Souza* | IDE Editora |
| Segue, amigo | *Trinta anos com Chico Xavier* | CALVÁRIO |
| Segue e confia | *Instruções Psicofônicas* | FEB |
| | *Trinta anos com Chico Xavier* | CALVÁRIO |
| Sempre com Jesus* | *Auta de Souza* | IDE Editora |
| Senhora da amargura* | *Auta de Souza* | IDE Editora |
| Serve sorrindo* | *Auta de Souza* | IDE Editora |
| Sigamos juntos | *Campanha de Fraternidade Auta de Souza* | |
| Sublime encontro | *Poetas Redivivos* | FEB |
| Trabalha agora | *Antologia dos Imortais* | FEB |
| União sem adeus* | *Auta de Souza* | IDE Editora |
| Vai, irmã | *Relicário de Luz* | GEF |
| Vamos* | *Auta de Souza* | IDE Editora |
| Vamos juntos | *Relicário de Luz* | GEF |
| Vem e ajuda | *Campanha de Fraternidade Auta de Souza* | |
| Vinde | *Parnaso de Além-Túmulo* | FEB |
| | *Cartas do Coração* | LAKE |

## *TÍTULO DA TROVA*

| | | |
|---|---|---|
| Amor-Casamento-Divórcio, | *Chico Xavier pede Licença* | GEEM |
| Amor e entendimento | *Chão de Flores* | IDEAL |
| Amor e felicidade | *Trovas do mais além* | CEC |
| Árias do amor | *Chico Xavier pede Licença* | GEEM |
| Canções da alegria | *Chão de Flores* | IDEAL |
| Canções para Jesus | *Recanto de Paz* | FMG |

| | | |
|---|---|---|
| Caridade e perdão | *Chão de Flores* | IDEAL |
| Deduções do amor | *Rosas com Amor* | IDE Editora |
| Deus é amor | *Chão de Flores* | IDEAL |
| Em torno da criança | *Recanto de Paz* | FMG |
| Em torno do amor | *Rosas com Amor* | IDE Editora |
| Exortação* | *Auta de Souza* | IDE Editora |
| Instruções da Vida | *Chão de Flores* | IDEAL |
| Lei | *Rosas com Amor* | IDE Editora |
| Memórias da Vida | *Recanto de Paz* | FMG |
| Mensagens das rosas | *Rosas com Amor* | IDE Editora |
| Notas da estrada* | *Auta de Souza* | IDE Editora |
| Notas de Mulher | *Astronautas do Além* | GEEM |
| Quem ama | *Rosas com Amor* | IDE Editora |
| Registro | *Rosas com Amor* | IDE Editora |
| Rimas da esperança | *Chão de Flores* | IDEAL |
| Tempo de Mães* | *Auta de Souza* | IDE Editora |
| Tempo de Natal* | *Auta de Souza* | IDE Editora |
| Trabalho e amor | *Rosas com Amor* | IDE Editora |
| Trovas de fé e razão | *Recanto de Paz* | FMG |
| Trovas para Jesus | *Orvalho de Luz* | CEC |
| Verdade e amor | *Recanto de Paz* | FMG |

*NOTA EXPLICATIVA:* Constam nesta obra 63 poesias e 24 trovas, devidamente anotada a fonte, quando possível. A exclusão, neste trabalho, de poesias e trovas de outros médiuns se deve à impossibilidade de as coligir sem incorrer em falhas, quer pelo critério seletivo quer por omissão.

# Campanha de Fraternidade Auta de Souza

Em 1953 foi iniciada na cidade de São Paulo, no bairro de Pinheiros, uma Campanha de Fraternidade destinada a dar muitos frutos e a irradiar-se em múltiplas tarefas, futuro afora. Após vencidas as primeiras lutas, chegavam de Pedro Leopoldo, por intermédio do médium Francisco Cândido Xavier, os primeiros incentivos do Alto, de uma ilustre participante, de coração amoroso e cheio de boa vontade. Tratava-se de AUTA DE SOUZA que vinha, através de suas mensagens, inspirar e amparar nas lutas em prol da continuidade da Campanha, incentivando os caravaneiros a se unificarem no perseverante trabalho de levar aos lares a palavra amiga e a mensagem esclarecedora referente à Boa Nova de Jesus.

Surgiu, assim, a ideia de dar seu nome à Campanha, passando a se denominar "CAMPANHA DE FRATERNIDADE "AUTA DE SOUZA".

E essa Campanha continua até hoje, ainda mais forte e ativa, com voluntários visitando lares necessitados, transmitindo amor, carinho, conforto e bom ânimo, inclusive com a doação de alimentos, roupas, agasalhos, etc.

*Vem e Ajuda...* é o divino convite que ecoa em nossos corações, onde o mesmo deve estar sempre presente como uma chama viva de fé e de amor ao semelhante, porque, se não tivermos amor, não estaremos praticando a verdadeira caridade.

Saiba mais sobre o funcionamento da Campanha de Fraternidade Auta de Souza, suas bases e regulamentos. Acesse o site na internet: www. concafras.com.

# IDE | Livro com propósito

No ano de 1963, Francisco Cândido Xavier ofereceu a um grupo de voluntários o entusiasmo e a tarefa de fundarem um periódico para divulgação do Espiritismo. Nascia, então, o Instituto de Difusão Espírita - IDE, cujos nome e sigla foram também sugeridos por ele.

Assim, com a ajuda de muitas pessoas e da espiritualidade, o Instituto de Difusão Espírita se tornou uma entidade de utilidade pública, assistencial e sem fins lucrativos, fiel à sua finalidade de divulgar a Doutrina Espírita, por meio de livros, estudo e auxílio (material e espiritual).

Tendo como foco principal as obras básicas de Allan Kardec, a preços populares, a IDE Editora possui cerca de 300 títulos, muitos psicografados por Chico Xavier, chegando a todo o Brasil e em várias partes do mundo.

Agora, na era digital, a IDE Editora foi a pioneira em disponibilizar, para download, as obras da Codificação, em português e espanhol, gratuitamente em seu site: ideeditora.com.br.

Além da editora, o Instituto de Difusão Espírita também se desenvolveu em outras frentes de trabalho, tanto voltadas à assistência e promoção social, como o acolhimento de pessoas em situação de rua (albergue), alimentação às famílias em momento de vulnerabilidade social, quanto aos trabalhos de evangelização infantil, mocidade espírita, artes, cursos doutrinários e assistência espiritual (passes).

Ao adquirir um livro da IDE Editora, você estará colaborando com a divulgação do Espiritismo e com os trabalhos assistenciais do Instituto.